孔子学院总部/国家汉办
Confucius Institute Headquarters(Hanban)

研究出版社
生活故事》

中国人의 生活 이야기로 읽어보는

중국어 REAL 독해 1

孔子学院总部 / 国家汉办 编 | 진윤영 편역

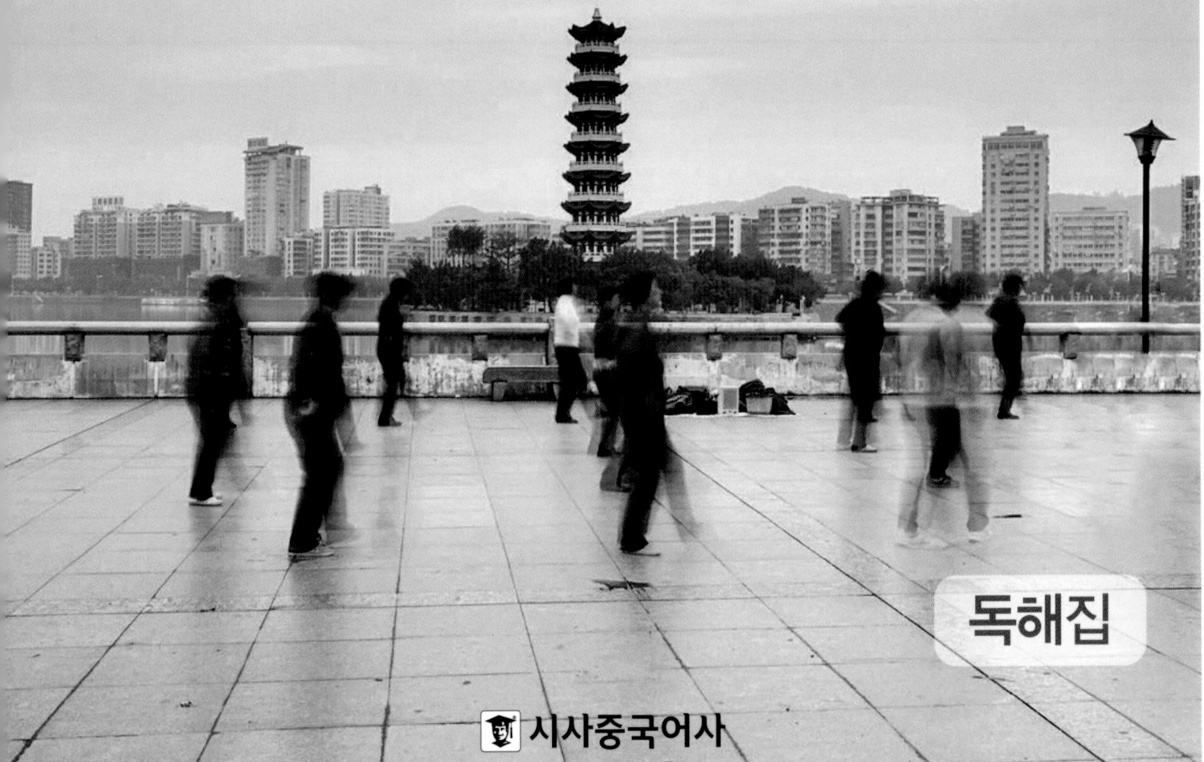

독해집

시사중국어사

中国人의 生活 이야기로 읽어보는

중국어 REAL 독해 1

독해집

시사중국어사

중국어 REAL 독해 1 독해집 + 해설집

초판발행 2018년 9월 1일
1판 3쇄 2022년 5월 10일

편저 孔子学院总部 / 国家汉办
편역 진윤영
책임 편집 최미진, 가석빈, 엄수연, 高霞
펴낸이 엄태상
디자인 공소라
조판 이서영
콘텐츠 제작 김선웅, 김현이, 유일환
마케팅 이승욱, 왕성석, 노원준, 조인선, 조성민
경영기획 조성근, 최성훈, 정다운, 김다미, 오희연
물류 정종진, 윤덕현, 양희은, 신승진

펴낸곳 시사중국어사(시사북스)
주소 서울시 종로구 자하문로 300 시사빌딩
주문 및 교재문의 1588-1582
팩스 0502-989-9592
홈페이지 http://www.sisabooks.com
이메일 book_chinese@sisadream.com
등록일자 1988년 2월 13일
등록번호 제1 - 657호

ISBN 979-11-5720-111-2 (14720)
979-11-5720-110-5 (Set)

원서 서문

해외 중국어 학습자들의 중국어 독해자료에 대한 수요를 만족시키고 중외문화의 교류와 이해를 촉진시키고자 孔子学院总部와 国家汉办이 2015년부터 계획하여 ≪中国人的生活故事≫를 출판하였습니다. ≪中国人的生活故事≫는 각계각층에 있는 평범한 중국인들의 실제 생활을 통해 세계 각국에 있는 중국어 학습자들이 평범하고 진실된 현대 중국인들의 생활을 이해하고, 유구한 역사와 발맞추어 나가는 중국의 전통문화를 소개하려는 데 그 의의가 있습니다.

본 시리즈는 다음과 같은 주요한 특징이 있습니다.

1. 채택한 내용이 진실하고 언어가 사실적입니다. 다양한 민족과 지역, 직업 등 각기 다른 인물에 대해 이야기하여 다양한 독자층의 독해 요구를 만족시키려 하였습니다.
2. 모든 문장 및 어휘들이 HSK 등급에 대응됩니다. 중국어 수준이 각기 다른 독자들을 위해 채택한 단어와 문장의 길이, 문화에 관한 내용 등에 따라 HSK 4급에서 6급까지 골고루 나누었습니다. 문장 속의 단어 또한 〈HSK 考试大纲〉의 '어휘 대강'에 의거하여 HSK 5~6급 단어 위주로 사용하였으며, 중점적인 단어에는 주석을 달았습니다.
3. 중국 전통의 문화와 현대 중국의 면모를 골고루 다루었습니다. 내용 중 문화 특색이 담긴 단어와 인터넷 유행어 등에 대해서는 설명을 병기하였습니다. 모든 문장마다 '심화 독해' 코너를 구성하여 독자들에게 한층 심화된 문화 요소와 현상에 대해 소개하였습니다.
4. 생생한 사진을 함께 실어 가독성을 높였습니다. 본문 및 문화 링크, 심화 독해 코너에 내용과 상응하는 사진을 함께 놓아 독자들이 이미지화하여 문장을 이해할 수 있도록 하였습니다.
5. 독해의 재미와 상호작용에 중점을 두었습니다. 모든 본문에 '문화 링크' 코너를 두어 독자가 QR코드 스캔을 통해 주제와 관련된 사진이나 음악, 영상, 웹페이지 등 풍부한 온라인 자료를 활용할 수 있도록 하였습니다.

본 ≪中国人的生活故事≫ 시리즈는 교수자에게는 수업 자료로, 또는 학습자에게는 훌륭한 독해 교재로 사용하기 적합하도록 기획되었습니다. 본 시리즈는 현대 중국을 여는 창이 되어, 국내외의 중국어 학습자가 중국의 경제, 사회, 민속, 지리에 대해 더욱 깊이 이해하여 실용적인 중국어를 학습할 수 있는 역할을 할 수 있기를 희망합니다.

外语教学与研究出版社
2016년 9월

편역자의 말

‘중국어 공부의 비법’이라고 하면, 늘 언급되는 방법이 바로 “*多看、多听、多读、多写*(많이 보고, 많이 듣고, 많이 읽고, 많이 써라)”입니다. 너무 추상적이고 뻔한 방법인 것 같지만, 중국어는 성조 때문에 많이 들어야 하고, 유구한 역사가 담긴 말은 자꾸 봐야만 자신의 것을 만들 수 있습니다. 결국 중국어 실력을 높이려면 많이 듣고 많이 봐야 합니다.

본 교재는 “*多看、多读*”에 초점을 맞춰 집필되었습니다. 본 교재를 통해 중국의 문화, 역사, 사회의 전반적인 모습을 살펴 볼 수 있고, 사회의 변화에 맞춰 생겨난 신조어뿐만 아니라, 중국 사람들의 사상까지 이해할 수 있을 것입니다.

또한 항상 어렵다고 이야기하는 문법, 분명 해석하면 같은 뜻인데 상황에 따라 달리 써야 하는 헷갈리는 유의어도 한 번에 정리할 수 있게끔 준비해 두었고, 관련 문화도 뻔한 내용이 아닌 시대 변화에 맞추어 정리했습니다.

본 교재를 통해, “*多看、多读*”를 두루 연습하여 여러분의 중국어 실력이 향상되기를, 중국어 공부에 흥미가 생기길 바랍니다.

2018년 8월
편역자 진윤영

차 례

이 책의 특징

본 교재는 新HSK 4~5급 또는 6급 수준의 독해 실력을 갖추었거나 갖추려고 하는 학습자가 재미있게 학습할 수 있는 독해 교재입니다. 본 교재는 독해집과 해설집으로 나뉘어 구성되어 있습니다. 그 중 독해집은 중국에서 직접 신문과 잡지를 읽는 듯 현대 중국인의 생생한 실제 이야기로 꾸며진 독해 지문과 내용 이해를 돕는 사진, 단어만으로 구성되었습니다. 또한, 해설집은 독해집 지문의 한국어 해석과 지문에 등장했던 주요 문법 및 유의어에 관련된 자세하고도 핵심적인 설명으로 구성되어 있으며, 주제에 맞는 중국문화에 대한 팁까지 추가 구성하였습니다. 이처럼 독해집과 해설집의 별도 구성으로 학습 효과를 배가시킨 본 교재는 독학용으로도 공부하기 좋고 또 교재로도 안성맞춤인 독해 교재가 될 것입니다.

본 교재는 중국 外研社(外语教学与研究出版社)에서 출판한 ≪中国人的生活故事(第二辑)≫ 시리즈를 한국 실정에 맞게 각색하였습니다. 이 원서는 중국 孔子学院总部 및 国家汉办, 腾讯网이 外研社와 합작하여 만들어 HSK 급수에 맞춘 본문 난이도와 생생한 사진이 특징입니다.

독해집

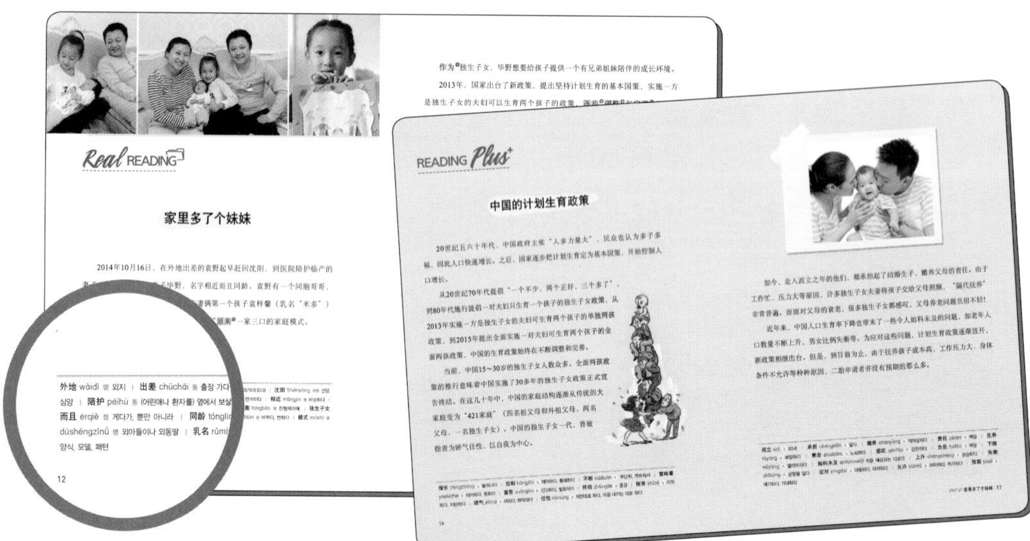

• Real READING & READING Plus+

독해에 집중할 수 있도록 독해 지문과 단어 설명만 실은 독해집! 마치 원서를 읽는 것 같은 느낌으로 주인공의 실제 생활을 엿볼 수 있는 생생한 사진과 친절한 단어 설명으로 마음 놓고 독해에 빠져보세요!
독해를 다 했으면 원어민 성우의 목소리로 본문을 한번 들어보세요! 올바르게 독해를 했는지, 문장 구성 및 어휘에 대해 궁금한 것이 있으면 해설집에서 확인할 수 있습니다!

해설집

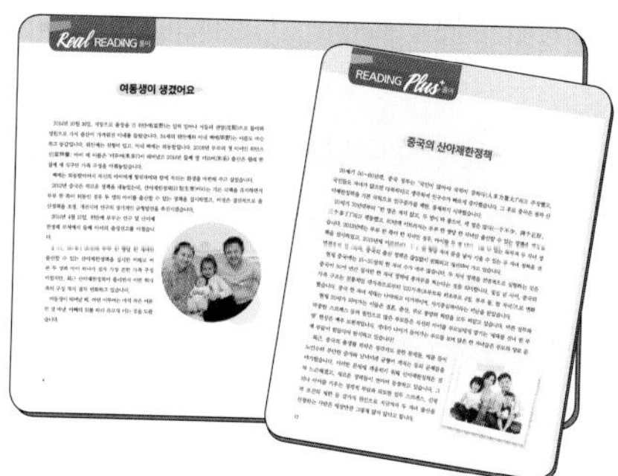

• Real READING & READING Plus⁺ 풀이

독해집에서 독해한 내용이 맞는지 풀이를 통해 확인할 수 있습니다. 해석을 한 번 읽고 다시 독해를 해보는 것도 도움이 됩니다. 내용 이해에 도움이 될 수 있는 생생 팁도 가득합니다.

• 주요 문법 Real 풀이

독해문에 등장했던 주요 문법만 뽑아서 학습해 봅니다. 독해는 문장 분석이 매우 중요하므로, 주요 문법이 적용된 문장 분석 코너를 통해 독해 능력을 한층 높일 수 있습니다.

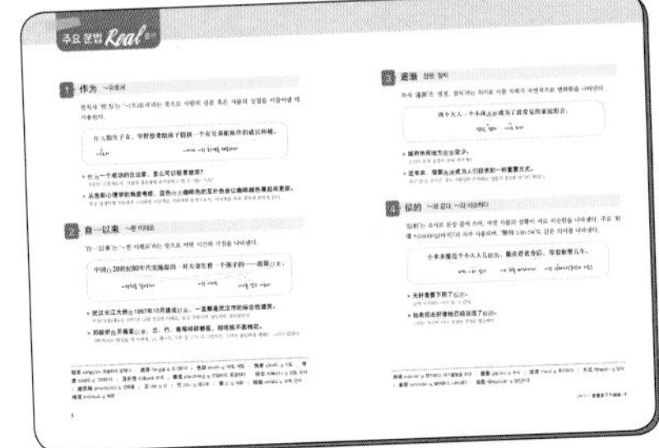

• 유의어 Real 풀이

독해 실력은 어휘량이 관건! 독해 수준을 좀 더 올리려면 특히 유의어의 쓰임에 주목해야 합니다. 독해문에서 나왔던 단어 중 한국인이 자주 헷갈리는 단어만 뽑아 확실한 풀이를 실어놓았습니다. HSK 급수 향상에도 도움이 되니, 믿고 따라오세요!

• 중국문화 생생링크 & 중국문화 관찰하기

QR코드를 찍으면 생생 중국문화와 연결됩니다. 생생링크로 직접 확인하고 중국문화 관찰하기에서 심화 내용을 이해해 보세요. 중국에 한걸음 더 가까워질 수 있습니다!

수업계획표

수업차시	내용
1주차	독해 수업 들어가기
2주차	**UNIT 01 家里多了个妹妹** 여동생이 생겼어요
HSK 4级	주요 문법 **作为** ~(으)로서 | **自…以来** ~한 이래로 | **逐渐** 점점, 점차 | **似的** ~와 같다, ~와 비슷하다
	유의어 **原来 VS 本来** | **逐步 VS 逐渐** | **调整 VS 调节** | **完善 VS 完美**
3주차	**UNIT 02 "猫咪控"** '고양이 팬'
HSK 4级	주요 문법 **以** ~으로써 | **不得不** 어쩔 수 없이, 반드시 | **便** 바로, 곧 | **只要…就…** ~하기만 하면 바로 ~하다
	유의어 **不得不 VS 必须** | **按时 VS 及时** | **将来 VS 未来** | **继续 VS 持续**
4주차	**UNIT 03 圣诞交通协管员** 크리스마스의 교통정리원
HSK 4级	주요 문법 **…地** ~하게 | **除了…以外，也/还…** ~을 제외하고 역시, 또 ~하다 | **算是** ~인 셈이다 | **显得** ~처럼 보이다
	유의어 **传播 VS 流传** | **消费 VS 消耗** | **活动 VS 运动** | **舒适 VS 舒服**
5주차	**UNIT 04 广场领舞者** 광장의 메인댄서
HSK 4级	주요 문법 **不仅…还…** ~일 뿐만 아니라 또 ~하다 | **于** ~에, ~에서 | **由** ~로부터 | **把** ~을, ~를
	유의어 **结束 VS 完成** | **参加 VS 参与** | **体会 VS 体验** | **充实 VS 充满**
6주차	**UNIT 05 什刹海三轮车夫** 스차하이의 인력거꾼
HSK 5级	주요 문법 **并** 그리고, 또 | **不仅仅…更…** ~할 뿐만 아니라 더욱 ~하다 | **只有…才…** ~해야지만 그제서야 ~하다 | **连…也…** 심지어 ~도 역시 ~하다
	유의어 **为了 VS 为** | **辛苦 VS 艰苦** | **趟 VS 回** | **满足 VS 满意**
7주차	**UNIT 06 海南"洋女婿"** 하이난의 '외국인 사위'
HSK 5级	주요 문법 **则** 오히려, 그러나 | **过** ~한 적이 있다 [경험] | **一边…一边…** ~하면서 ~하다 | **被** ~에 의하여
	유의어 **丰富 VS 丰盛** | **了解 VS 理解** | **感受 VS 感想** | **表达 VS 表示**
8주차	중간고사

수업차시	내용
9주차 HSK 5级	**UNIT 07 北漂女歌手的24小时** 베이피아오 여가수의 24시간 주요 문법: **场** 한 차례, 한 바탕 ǀ **존현구문** ~(장소)에 ~(불특정 사람 · 사물)가 있다 ǀ **겸어문** ~하게 시키다, 만들다 ǀ **之** 그, 이, 그 사람 유의어: 目标 VS 目的 ǀ 如何 VS 怎么 ǀ 发现 VS 发觉 ǀ 到达 VS 达到
10주차 HSK 5级	**UNIT 08 快递小哥儿的"购物节"** 택배 청년의 '쇼핑 데이' 주요 문법: **随着** ~에 따라서 ǀ **从事** ~에 종사하다 ǀ **即将** 곧, 머지않아 ǀ **对于…来说** ~에 대해 말하자면 유의어: 重复 VS 反复 ǀ 经历 VS 经验 ǀ 利用 VS 使用 ǀ 对 VS 对于
11주차 HSK 5级	**UNIT 09 穿汉服的女孩儿** 전통의상을 입는 여자 주요 문법: **才** 그제서야, 겨우 ǀ **成** ~이 되다 ǀ **自** ~로부터 ǀ **要不然** 그렇지 않으면 유의어: 关于 VS 对于 ǀ 流行 VS 时髦 ǀ 整理 VS 收拾 ǀ 严格 VS 严肃
12주차 HSK 5级	**UNIT 10 "影痴"刘老师** '영화 바보' 리우 선생님 주요 문법: **却** 그러나 ǀ **几乎** 거의, 다 ǀ **获得** 얻다, 획득하다 ǀ **보어 上** ~하기 시작하다 유의어: 所 VS 家 ǀ 坚定 VS 坚决 ǀ 设备 VS 设施 ǀ 道路 VS 马路
13주차 HSK 6级	**UNIT 11 白领双城生活** 직장인의 두 도시 생활 주요 문법: **仅** 그저, 단지 ǀ **而** 그리고, 그러나 ǀ **像** 마치 ~와 같다 ǀ **极其** 매우 유의어: 从 VS 自 ǀ 之间 VS 中间 ǀ 先后 VS 前后 ǀ 通过 VS 经过
14주차 HSK 6级	**UNIT 12 古城"老顽童"** 고성의 '키덜트' 주요 문법: **比** ~보다 ǀ **시량보어** 시간의 양을 나타냄 ǀ **보어 下来** 동작의 지속과 완료 ǀ **虽然…但(是)…** 비록 ~하지만 그러나 ~하다 유의어: 活跃 VS 活泼 ǀ 增加 VS 增长 ǀ 悄悄 VS 偷偷 ǀ 形成 VS 组成
15주차	기말고사

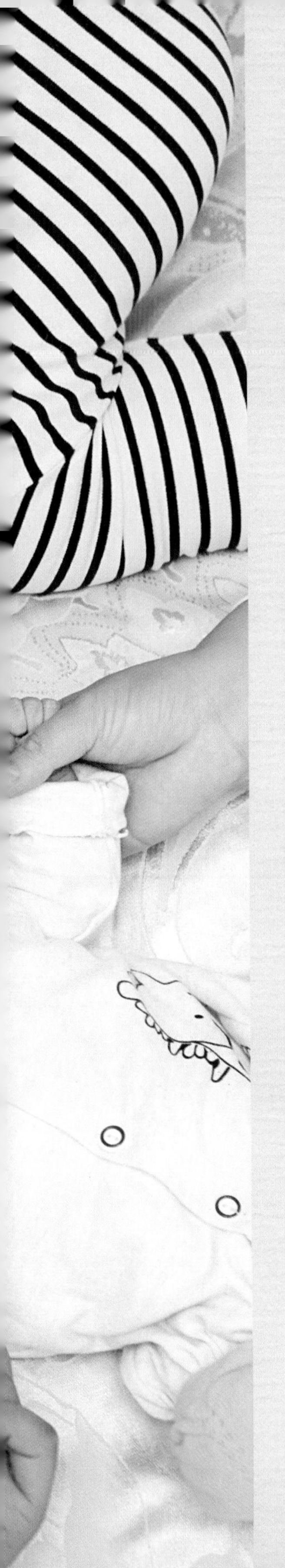

HSK 4级

UNIT 01

UNIT 01

家里多了个妹妹

2008年，袁野和毕野的第一个孩子米多出生；2014年，34岁的袁野和妻子迎来了他们的第二个女儿。

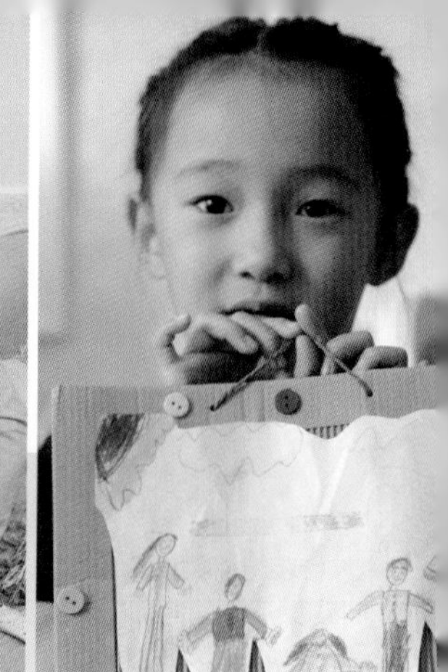

家里多了个妹妹

2014年10月16日，在外地出差的袁野起早赶回沈阳，到医院陪护临产的妻子。34岁的袁野和妻子毕野，名字相近而且同龄。袁野有一个同胞哥哥，妻子毕野是独生子女。2008年，夫妻俩第一个孩子袁梓馨（乳名“米多”）出生。2014年，二女儿米乐的到来改变了原来❶一家三口的家庭模式。

外地 wàidì 명 외지 | **出差** chūchāi 동 출장 가다 | **赶回** gǎnhuí 동 급히 돌아가다(오다) | **沈阳** Shěnyáng 지명 선양, 심양 | **陪护** péihù 동 (어린애나 환자를) 옆에서 보살펴 주다 | **临产** línchǎn 동 만삭이다 | **相近** xiāngjìn 형 비슷하다 | **而且** érqiě 접 게다가, 뿐만 아니라 | **同龄** tónglíng 형 동갑의, 동년배의 | **同胞** tóngbāo 명 친형제자매 | **独生子女** dúshēngzǐnǚ 명 외아들이나 외동딸 | **乳名** rǔmíng 명 유명, 아명 | **改变** gǎibiàn 동 바뀌다, 변하다 | **模式** móshì 명 양식, 모델, 패턴

作为[1]独生子女，毕野想要给孩子提供一个有兄弟姐妹陪伴的成长环境。

2013年，国家出台了新政策，提出坚持计划生育的基本国策，实施一方是独生子女的夫妇可以生育两个孩子的政策，逐步[2]调整[3]和完善[4]生育政策，促进人口长期均衡发展。

2014年4月10日，袁野夫妇在人口和计划生育部门办理了生育二胎的手续。

作为 zuòwéi 동 ~(신분/자격)으로서 | **提供** tígōng 동 제공하다 | **兄弟姐妹** xiōngdìjiěmèi 형제자매 | **陪伴** péibàn 동 동반하다, 수행하다 | **成长** chéngzhǎng 동 성장하다, 자라다 | **环境** huánjìng 명 환경 | **出台** chūtái 동 공포하거나 실시하다 | **政策** zhèngcè 명 정책 | **提出** tíchū 동 제시하다 | **坚持** jiānchí 동 견지하다, 고수하다 | **计划生育** jìhuàshēngyù 산아제한, 계획출산 | **国策** guócè 명 국책 | **实施** shíshī 동 실시하다 | **一方** yìfāng 명 한쪽, 한 방면 | **逐步** zhúbù 부 점차, 점점 | **调整** tiáozhěng 동 조정하다 | **完善** wánshàn 형 완벽하다 | **促进** cùjìn 동 촉진하다 | **均衡** jūnhéng 형 고르다, 균형이 잡히다 | **发展** fāzhǎn 동 발전하다 | **部门** bùmén 명 부서 | **办理** bànlǐ 동 처리하다 | **二胎** èrtāi 명 두 번째로 태어난 아이, 둘째 | **手续** shǒuxù 명 수속

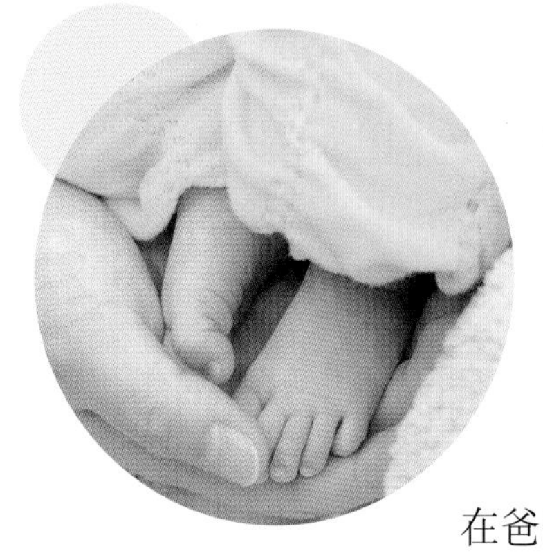

中国自20世纪80年代实施提倡一对夫妻生育一个孩子的计划生育政策以来[2]，两个大人一个小孩儿逐渐[3]成为了最常见的家庭组合。而近年来，随着生育政策的放开，这样的小家庭模式正在慢慢改变。

妹妹出生时，小米多像是个小大人儿似的[4]，跟在爸爸身后，帮着推婴儿车。

“小妹妹肉乎乎的，挺沉的。”姐姐说。

“希望孩子健康成长，虽然辛苦一些，但很值得。”妈妈说。

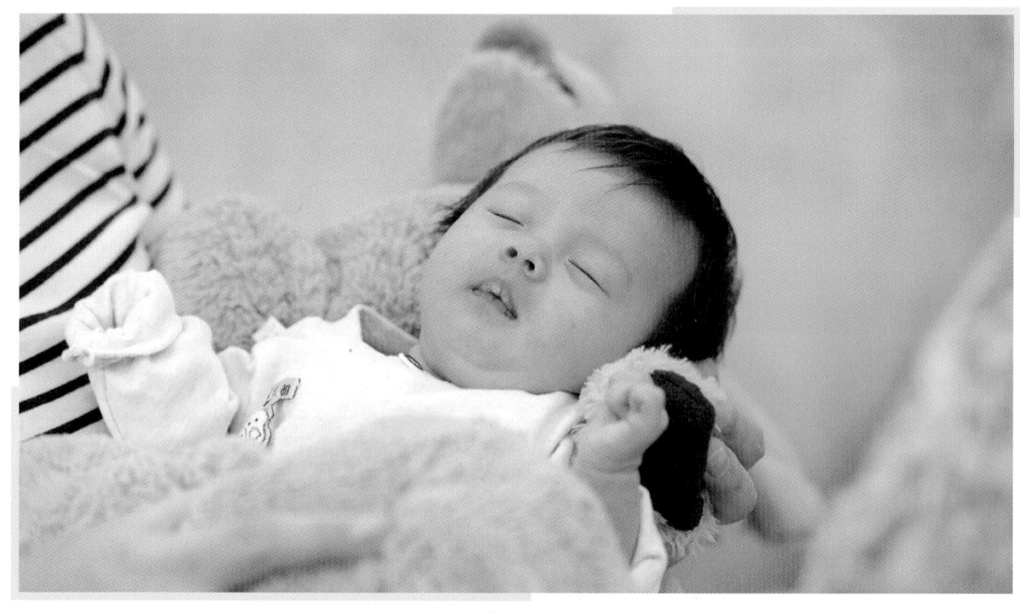

自 zì 전 ~에서부터 | **提倡** tíchàng 동 제창하다 | **对** duì 양 짝, 쌍 | **以来** yǐlái 명 이래, 이후 | **逐渐** zhújiàn 부 점차, 점점 | **成为** chéngwéi 동 ~으로 되다 | **组合** zǔhé 명 조합 | **而** ér 접 그러나 | **随着** suízhe 동 ~에 따라 | **放开** fàngkāi 동 놓아주다, 방면하다 | **像…似的** xiàng…shìde 부 마치 ~와 같다 | **小大人儿** xiǎodàrénr 명 어른처럼 말하고 행동하는 어린이 | **跟** gēn 동 따르다, 따라가다 | **推** tuī 동 밀다 | **婴儿车** yīng'érchē 명 유모차 | **肉乎乎** ròuhūhū 형 포동포동하다 | **沉** chén 형 무겁다 | **健康** jiànkāng 형 건강하다 | **虽然…但…** suīrán…dàn… 접 비록 ~할지라도 그러나 ~하다 | **辛苦** xīnkǔ 형 고생스럽다 | **值得** zhídé 동 ~할 만한 가치가 있다

“多一个伴儿，孩子长大以后不孤单。”爸爸说。

“赶上国家新政策了，我又多了一个外孙女。”姥姥说。

米多有时也想抱抱小妹妹。妹妹米乐睡着了，米多还想再逗她玩一会儿。

米乐在妈妈的怀里睡得很香甜。妈妈爱抚着她的小脚丫。

袁梓馨画的图画里，有姥姥、姥爷、妈妈、爸爸和自己，这种家庭组合正在发生改变。

生育政策放开以后，一对夫妻一个孩子的独生子女时代将成为历史，独生子女父母光荣证也将退出历史舞台。

（本文选编自 http://news.qq.com/original/oneday/1792.html，作者：蔡敏强）

伴儿 bànr 명 동료, 반려 | **孤单** gūdān 형 외롭다 | **赶上** gǎnshàng 동 따라잡다, 따라붙다 | **外孙女** wàisūnnǚ 명 외손녀 | **姥姥** lǎolao 명 외할머니, 외조모 | **抱** bào 동 안다 | **逗** dòu 동 놀리다, 골리다 | **怀里** huáili 명 품(속) | **香甜** xiāngtián 형 (잠이) 달다, 달콤하다 | **爱抚** àifǔ 동 가볍게 만지다 | **脚丫** jiǎoyā 명 발가락 | **姥爷** lǎoye 명 외할아버지, 외조부 | **将** jiāng 부 ~일 것이다 | **退出** tuìchū 동 퇴장하다, 물러나다 | **舞台** wǔtái 명 무대

中国的计划生育政策

20世纪五六十年代，中国政府主张“人多力量大”，民众也认为多子多福，因此人口快速增长。之后，国家逐步把计划生育定为基本国策，开始控制人口增长。

从20世纪70年代提倡“一个不少，两个正好，三个多了”，到80年代施行提倡一对夫妇只生育一个孩子的独生子女政策，从2013年实施一方是独生子女的夫妇可生育两个孩子的单独两孩政策，到2015年提出全面实施一对夫妇可生育两个孩子的全面两孩政策，中国的生育政策始终在不断调整和完善。

当前，中国15～30岁的独生子女人数众多。全面两孩政策的推行意味着中国实施了30多年的独生子女政策正式宣告终结。在这几十年中，中国的家庭结构逐渐从传统的大家庭变为“421家庭（四名祖父母和外祖父母、两名父母、一名独生子女）”。中国的独生子女一代，曾被指责为娇气任性、以自我为中心。

增长 zēngzhǎng 동 늘어나다 | **控制** kòngzhì 동 제어하다, 통제하다 | **不断** búduàn 부 부단히, 계속해서 | **意味着** yìwèizhe 동 의미하다, 뜻하다 | **宣告** xuāngào 동 선고하다, 발표하다 | **终结** zhōngjié 명 종결 | **指责** zhǐzé 동 지적하다, 지탄하다 | **娇气** jiāoqì 형 여리다, 허약하다 | **任性** rènxìng 동 제멋대로 하다, 마음 내키는 대로 하다

如今，走入而立之年的他们，都承担起了结婚生子、赡养父母的责任。由于工作忙、压力大等原因，许多独生子女夫妻将孩子交给父母照顾，“隔代抚养”非常普遍。而面对父母的衰老，很多独生子女都感叹，父母养老问题负担不轻！

近年来，中国人口生育率下降也带来了一些令人始料未及的问题，如老年人口数量不断上升，男女比例失衡等。为应对这些问题，计划生育政策逐渐放开，新政策相继出台。但是，到目前为止，由于抚养孩子成本高、工作压力大、身体条件不允许等种种原因，二胎申请者并没有预期的那么多。

而立 érlì 명 30세 | **承担** chéngdān 동 맡다 | **赡养** shànyǎng 동 먹여살리다 | **责任** zérèn 명 책임 | **抚养** fǔyǎng 동 부양하다 | **衰老** shuāilǎo 형 노쇠하다 | **感叹** gǎntàn 동 감탄하다 | **负担** fùdān 명 부담 | **下降** xiàjiàng 동 떨어뜨리다 | **始料未及** shǐliàowèijí 처음 예상과는 다르다 | **上升** shàngshēng 동 상승하다 | **失衡** shīhéng 동 균형을 잃다 | **应对** yìngduì 동 대응하다, 대처하다 | **允许** yǔnxǔ 동 허락하다, 허가하다 | **预期** yùqī 동 예기하다, 기대하다

HSK 4级

UNIT 02

UNIT 02

"猫咪控"

74岁的退休教师周大爷是个不折不扣的"猫咪控"。八年来，他坚持每天奔走喂养流浪猫，还记录下了他和小猫之间的点点滴滴。

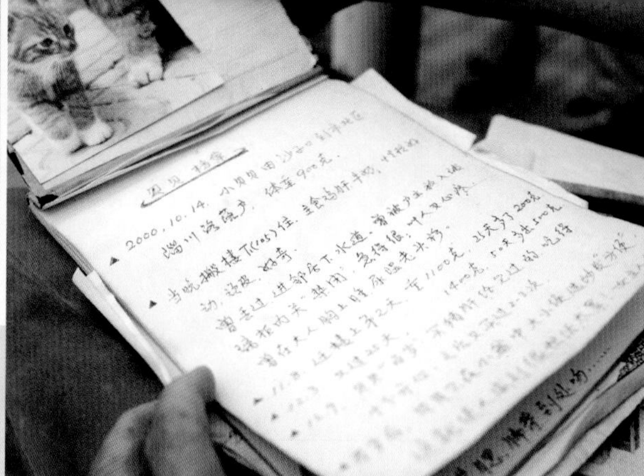

“猫咪控”

74岁的青岛退休教师周大爷是个不折不扣的“猫咪控”。八年来，他坚持每天奔走几公里喂养流浪猫，一天两顿饭，在五个喂养点之间来回奔波。他还给猫建立档案，为猫写了数百字的打油诗，以[1]此记录他和小猫之间的点点滴滴。

退休 tuìxiū 동 퇴직하다 | **不折不扣** bùzhé búkòu 영락없다, 틀림없다 | **猫咪** māomī 명 고양이, 야옹이 | **控** kòng 팬, 마니아 | **奔走** bēnzǒu 동 (어떤 목적이나 생활을 위해) 뛰어다니다, 바쁘게 싸다니다 | **公里** gōnglǐ 명 킬로미터 | **喂养** wèiyǎng 동 사육하다, 기르다 | **流浪** liúlàng 동 유랑하다, 방랑하다 | **奔波** bēnbō 동 바쁘게 뛰어다니다, 분주하다 | **建立** jiànlì 동 세우다, 건립하다 | **档案** dàng'àn 명 파일, 공문서 | **描写** miáoxiě 동 묘사하다 | **以** yǐ 전 ~하기 위하여 | **此** cǐ 대 이것 | **记录** jìlù 동 기록하다 | **点点滴滴** diǎndiandīdī 형 아주 작다, 소소하다

周大爷从小就对猫咪情有独钟，退休后，养猫成了他生活中很重要的一部分。在他看来，猫是可爱的动物，流浪猫值得被关心、照料。

八年前，由于老伴儿的身体原因，周大爷不得不[2][1]把自己的几只爱猫送给别人。之后他便[3]开始喂养社区周边的流浪猫。

语文老师出身的周大爷把猫咪的故事全都记在了本子上，并配上铅笔画和照片，可谓图文并茂。

记者跟着周大爷来喂猫，猫咪警觉地看着镜头。

每次来喂猫，周大爷都满脸笑意。

情有独钟 qíngyǒu dúzhōng 사람이나 사물에 각별한 애정을 보이다 | **关心** guānxīn 동 관심을 기울이다 | **照料** zhàoliào 동 돌보다, 보살피다 | **老伴儿** lǎobànr 명 영감, 마누라 [노부부가 다른 한쪽의 배우자를 가리키는 말] | **原因** yuányīn 명 원인, 이유 | **不得不** bùdébù 부 어쩔 수 없이 | **便** biàn 부 바로, 곧 | **社区** shèqū 명 공동체, 지역사회 | **周边** zhōubiān 명 주변, 주위 | **出身** chūshēn 명 신분, 출신 | **故事** gùshi 명 이야기 | **配** pèi 동 곁들이다 | **可谓** kěwèi 동 ~라고 말할 수 있다 | **图文并茂** túwén bìngmào 성 그림과 글이 풍부하고 다채롭다 | **记者** jìzhě 명 기자 | **警觉** jǐngjué 형 민감하다, 경계하다 | **镜头** jìngtóu 명 카메라 렌즈 | **满脸** mǎnliǎn 명 온 얼굴, 만면 | **笑意** xiàoyì 명 웃음

栅栏外的猫咪和周大爷对视。它和这位善良的“主人”已经非常熟悉。

周大爷在社区周边定了五个流浪猫比较多的喂养点，每天他都会提着猫粮，按时[2]去喂猫，早上五点一次，下午四点一次。八年如一日，风雨无阻。周大爷每个月要花500块钱购买猫粮。

几年下来，他喂养的流浪猫数量从最初的几只变成了现在的34只。周大

栅栏 zhàlan 명 울타리 | **对视** duìshì 동 서로 시선을 맞추다 | **善良** shànliáng 형 착하다 | **主人** zhǔrén 명 주인 | **熟悉** shúxī 형 익숙하다, 잘 알다 | **猫粮** māoliáng 고양이 사료 | **按时** ànshí 부 제때에, 시간에 맞추어 | **风雨无阻** fēngyǔ wúzǔ 성 바람과 비도 막지 못하다 | **购买** gòumǎi 동 사다 | **数量** shùliàng 명 수량 | **只** zhī 양 마리 [동물을 세는 단위] | **去世** qùshì 동 세상을 떠나다, 사망하다 | **走丢** zǒu diū 잃어버리다, 없어지다 | **越来越** yuèláiyuè 부 더욱더, 점점, 갈수록

爷说：“期间也有猫去世了，或者走丢了，但数量还是越来越多。”

三狸花、飞毛腿、小白脸、大黄……

周大爷给34只猫都起了名字，他对它们的性格和外形特点也都了如指掌。

周大爷只要在路上遇到流浪猫，就[4]会把随身带着的食物散给它们。灌到空矿泉水瓶里的水是周大爷给猫咪喝的。

一包猫粮，几瓶水，周大爷每天都要提着这些东西走上几公里。

谈及将来[3]，周大爷说，他想继续[4]记录他和流浪猫之间的故事。

（本文选编自 http://news.qq.com/original/oneday/1706.html，作者：孙志文）

狸 lí 명 살쾡이의 다른 이름 | **飞毛腿** fēimáotuǐ 명 스커드 미사일, (사람이나 사물 등이) 매우 빠른 것을 가리킴 | **小白脸** xiǎobáiliǎn 명 미소년, 기생오라비 | **起名字** qǐ míngzi 이름을 지어주다 | **性格** xìnggé 명 성격 | **外形** wàixíng 명 외형 | **了如指掌** liǎorú zhǐzhǎng 성 제 손금을 보듯 훤하다 | **遇到** yùdào 동 만나다 | **随身** suíshēn 형 몸에 지니다 | **散** sàn 동 나누어주다 | **灌** guàn 동 (액체를) 부어 넣다 | **矿泉水** kuàngquánshuǐ 명 생수 | **谈及** tánjí 동 언급하다 | **继续** jìxù 부 잇달아, 계속해서

中国的十二生肖

十二生肖，也叫“十二属相”，是中国人传统上用来计算年龄的十二种动物，分别是鼠、牛、虎、兔、龙、蛇、马、羊、猴、鸡、狗、猪。在中国，每个人一出生就有一种动物做他的生肖，比如在农历猴年出生的人就属猴。

十二生肖在中国的传统文化中都有其独特的形象。

老鼠胆小多疑，人们常用“胆小如鼠”说一个人胆子小。牛主要用于农耕，所以中国人对牛的感情很深，认为牛勤劳、不求回报。勇猛威武的老虎则被人们认为是孩子的保护神，所以以前小孩子常戴虎头帽、穿虎头鞋。兔子在中国的传统故事中常常是聪明机智的角色，现在人们常用“动如脱兔”来形容一个人行动起来像飞跑的兔子一样敏捷。龙是人们用想象创造出来的，作为力量和精神的象征，龙一直备受中国人喜爱，“望子成龙”说的就是父母希望子女能有大成就，

生肖 shēngxiào 명 사람의 띠 (= 属相 shǔxiang) | **计算** jìsuàn 동 계산하다, 측정하다 | **年龄** niánlíng 명 나이 | **分别** fēnbié 부 각각, 따로 | **鼠** shǔ 명 쥐 | **牛** niú 명 소 | **虎** hǔ 명 호랑이 | **兔** tù 명 토끼 | **龙** lóng 명 용 | **蛇** shé 명 뱀 | **马** mǎ 명 말 | **羊** yáng 명 양 | **猴** hóu 명 원숭이 | **鸡** jī 명 닭 | **狗** gǒu 명 개 | **猪** zhū 명 돼지 | **农历** nónglì 명 음력 | **独特** dútè 형 독특하다, 특별하다 | **形象** xíngxiàng 명 이미지 | **胆小** dǎnxiǎo 형 겁이 많다 | **多疑** duōyí 형 몹시 의심하다, 공연한 걱정을 하다 | **农耕** nónggēng 명 농경 | **勤劳** qínláo 형 근면하다, 열심히 일하다 | **回报** huíbào 동 보답하다 | **勇猛** yǒngměng 형 용맹스럽다 | **威武** wēiwǔ 형 힘이 세다, 위풍당당하다 | **机智** jīzhì 형 기지가 넘치다 | **角色** juésè 명 역할, 배역 | **动如脱兔** dòngrú tuōtù 성 달아나는 토끼처럼 날쌔다, 행동이 매우 민첩하다 | **敏捷** mǐnjié 형 민첩하다 | **创造** chuàngzào 동 창조하다, 만들다 | **象征** xiàngzhēng 명 상징 | **备受** bèishòu 동 빠짐없이 받다 | **望子成龙** wàngzǐ chénglóng 성 자식이 훌륭한 인물이 되기를 바라다 | **成就** chéngjiù 명 성취, 업적

像龙一样高贵杰出。蛇多以负面形象出现，常被用来形容狠毒之人。马在中国人心中是忠诚、勤恳、有灵性的，人们用“马到成功”形容做事情很快就取得成功。羊一直被认为是温顺又善良的，“替罪羊”现在是指替别人受罪的人。猴子是机灵、调皮的，中国古典名著《西游记》中的孙悟空形象就是猴子的典型代表。另外，鸡的守时、狗的忠诚也是大家公认的，肥头大耳的猪则象征着福气。

你是不是很好奇，十二生肖中为什么没有猫呢？据说是因为中国古代没有猫，而十二生肖在猫传入中国以前就已经产生了。

杰出 jiéchū 형 걸출하다, 출중하다 | **负面** fùmiàn 명 부정적인 면 | **狠毒** hěndú 형 잔인하다, 악독하다 | **忠诚** zhōngchéng 형 충성스럽다 | **勤恳** qínkěn 형 근면 성실하다 | **灵性** língxìng 명 천부적인 재능, 타고난 총기 | **马到成功** mǎdào chénggōng 성 신속하게 승리를 쟁취하다 | **温顺** wēnshùn 형 온순하다 | **替罪羊** tìzuìyáng 명 속죄양 | **机灵** jīling 형 영리하다 | **调皮** tiáopí 형 장난스럽다, 말썽부리다 | **孙悟空** Sūnwùkōng 인명 손오공 | **典型** diǎnxíng 형 전형적인 | **代表** dàibiǎo 동 대표하다, 나타내다 | **守时** shǒushí 동 시간을 준수하다 | **公认** gōngrèn 동 공인하다 | **肥头大耳** féitóu dà'ěr 포동포동 살이 찐 모양 | **好奇** hàoqí 형 호기심을 갖다, 궁금하게 생각하다

UNIT 03

UNIT 03

圣诞交通协管员

他们一身圣诞老人的装扮，职责却是在圣诞节期间，在交通繁忙的市场入口疏导交通。他们就是圣诞交通协管员。

圣诞交通协管员

他们是圣诞交通协管员，红色的帽子和衣服，黑色的靴子，甚至还有别在腰间的金色礼物袋，一样不少。除此之外，他们还多了一些高科技设备，他们的职责是疏导交通。

在北京一个小商品批发市场，全天都会有十人左右的“圣诞老人”团队出现在市场入口的道路上。一位姓牛的队长告诉记者，他们属于该市场的保安部，圣诞节期间，扮成圣诞老人疏导交通，每天会有额外补助。

协管员 xiéguǎnyuán 명 협조 관리원 | **帽子** màozi 명 모자 | **靴子** xuēzi 명 장화, 부츠 | **甚至** shènzhì 부 심지어, ~조차도 | **别** bié 동 꽂다, 달다 | **腰** yāo 명 허리 | **除此之外** chú cǐ zhī wài 이 외에 | **科技** kējì 과학기술 | **设备** shèbèi 명 설비, 시설 | **职责** zhízé 명 직책 | **疏导** shūdǎo 동 완화하다 | **交通** jiāotōng 명 교통 | **小商品** xiǎoshāngpǐn 명 일상 잡화 | **批发** pīfā 명 도매 | **圣诞老人** Shèngdàn Lǎorén 명 산타클로스 | **团队** tuánduì 명 단체, 팀 | **队长** duìzhǎng 명 주장, 대장 | **属于** shǔyú 동 ~에 속하다 | **该** gāi 대 (앞에서 언급한) 이, 그 | **保安** bǎo'ān 동 보안하다, 안전을 유지하다 | **额外** éwài 형 벗어난, 초과의 | **补助** bǔzhù 동 보조하다

唐朝时，圣诞节随着基督教的传播[1]进入中国，而作为商业化的节日被中国人逐渐接受，则始于20世纪90年代。圣诞老人也是在这个时期由可口可乐公司作为促销手段引进中国的。

圣诞节期间，许多年轻人会和朋友一起聚会、消费[2]，中国特色的圣诞老人也成为了许多商业活动[3]的吉祥物。

排队车辆中，总会有小孩儿好奇地[1]打量圣诞交通协管员，并问那个金色的口袋里装的是什么。"圣诞老人"会告诉他们是保温杯和香烟，由此引来一阵阵笑声。

圣诞交通协管员的身上除了金色大口袋以外，还[2]有对讲机、挎包和电子开票器。

唐朝 Táng Cháo 고유 당나라 | **随着** suízhe 전 ~에 따라 | **基督教** jīdūjiào 명 기독교 | **传播** chuánbō 명 전파, 유포 | **商业化** shāngyèhuà 상업화 | **节日** jiérì 명 명절, 기념일 | **接受** jiēshòu 동 받아 들이다 | **则** zé 부 즉, 바로 | **可口可乐** Kěkǒukělè 고유 코카콜라 | **促销** cùxiāo 동 판매를 촉진시키다 | **手段** shǒuduàn 명 수단 | **引进** yǐnjìn 동 끌어들이다, 도입하다 | **聚会** jùhuì 명 모임 | **消费** xiāofèi 동 소비하다 | **特色** tèsè 형 특색 있다 | **成为** chéngwéi 동 ~으로 되다 | **许多** xǔduō 형 매우 많다 | **商业** shāngyè 명 상업 | **活动** huódòng 명 행사 | **吉祥物** jíxiángwù 명 마스코트 | **排队** páiduì 동 줄을 서다 | **车辆** chēliàng 명 차량 | **好奇** hàoqí 형 호기심을 갖다, 궁금하게 생각하다 | **打量** dǎliang 동 관찰하다, 훑어보다 | **并** bìng 접 그리고 | **口袋** kǒudài 명 주머니 | **装** zhuāng 동 싣다, 담다 | **保温杯** bǎowēnbēi 명 텀블러 | **香烟** xiāngyān 명 담배 | **一阵** yízhèn 명 한바탕, 한 차례 | **笑声** xiàoshēng 명 웃음소리 | **对讲机** duìjiǎngjī 명 무전기 | **挎包** kuàbāo 명 크로스백 | **开票器** kāipiàoqì 영수증 발행기

在市场外的道路边，二十出头的小吴在工作，他的身后是一个巨大的圣诞老人雕塑。小吴告诉记者，他已经连续两年在这几天穿着圣诞老人的服装工作了。

“中学毕业后就离开老家来了北京，之后一直在这里工作。”小吴告诉记者，“前天市场二十周年庆，组织大家一块儿聚餐。吃得挺好的，有螃蟹还有虾，就算是[3]圣诞聚餐了吧。”圣诞节前后这几天，他们还是跟往常一样要上班。

无论天气是否恶劣，“圣诞老人”们干起活儿来都相当卖力。

他们要保证前来购物的客人有一个舒适[4]的体验。

中午，在市场门卫室，一名协管员从金色口袋中拿出两盒米饭作为午饭。协管员中年龄最小的二十出头，最大的已年近五十。一天繁忙的工作过后，这些年纪大的协管员还要骑一个多小时自行车才能到家，而年轻人则挤在市场的八人间宿舍里休息。

在休息间隙，协管员们有说有笑，一起分享工作中的乐事。

出头 chūtóu 동 남짓하다, 어떤 수량이 이상이 되다 | **巨大** jùdà 형 거대하다 | **雕塑** diāosù 조형물, 조각 | **连续** liánxù 동 연속하다, 계속하다 | **毕业** bìyè 동 졸업하다 | **周年** zhōunián 명 주년 | **组织** zǔzhī 동 조직하다 | **聚餐** jùcān 명 회식 | **螃蟹** pángxiè 명 게 | **虾** xiā 명 새우 | **算是** suànshì ~한 셈 치다 | **往常** wǎngcháng 명 평소, 평상시 | **无论** wúlùn 접 ~을 막론하고 | **是否** shìfǒu 부 ~인지 아닌지 | **恶劣** èliè 형 열악하다 | **干活** gànhuó 동 일하다 | **相当** xiāngdāng 부 상당히, 매우 | **卖力** màilì 동 있는 힘을 다하다 | **保证** bǎozhèng 동 보장하다, 약속하다 | **前来** qiánlái 동 다가오다, 저쪽으로부터 오다 | **购物** gòuwù 동 구매하다 | **客人** kèrén 명 손님 | **舒适** shūshì 형 쾌적하다, 편안하다 | **体验** tǐyàn 명 체험 | **门卫室** ménwèishì 수위실 | **盒** hé 양 상자, 갑 | **年龄** niánlíng 명 나이 | **年近** niánjìn 나이가 가깝다 | **繁忙** fánmáng 형 번거롭고 바쁘다 | **宿舍** sùshè 명 기숙사 | **间隙** jiànxì 명 틈, 사이, 겨를 | **有说有笑** yǒushuō yǒuxiào 말하다가 웃다가 하다 | **分享** fēnxiǎng 동 함께 누리다, 즐기다 | **乐事** lèshì 명 즐거운 일, 즐거움

一名协管员在短暂休息，桌上放着打包的午饭。圣诞节前后的这几天，他们比平时忙碌了许多。这位协管员显得[4]很疲惫，不愿多说话。

协管员们每天除了吃饭时间，只能休息短短几分钟，然后马上就要投入到嘈杂的车流当中。夜幕降临，下班的人流增多，协管员们依然坚守在自己的岗位上。

下班了，一名圣诞交通协管员脱掉红色衣裤，准备回家。协管员的工作从每天早上七点开始，到傍晚六点结束，周六、周日也不休息。因此，他们一年中只盼着能休几天假。

（本文选编自 http://news.qq.com/original/oneday/1820.html，作者：董大陆）

短暂 duǎnzàn 형 (시간이) 짧다 | **忙碌** mánglù 형 바쁘다 | **显得** xiǎnde 동 ~처럼 보이다 | **疲惫** píbèi 동 완전히 지쳐 버리다 | **投入** tóurù 동 투입되다 | **嘈杂** cáozá 형 떠들썩하다, 시끄럽다 | **车流** chēliú 명 차량의 흐름 | **夜幕** yèmù 명 밤의 장막, 땅거미 | **降临** jiànglín 동 강림하다, 내려오다 | **人流** rénliú 명 인류 | **依然** yīrán 형 의연하다, 전과 다름이 없다 | **坚守** jiānshǒu 동 굳게 지키다 | **岗位** gǎngwèi 명 보초 서는 곳 | **脱** tuō 동 벗다 | **傍晚** bàngwǎn 명 저녁 무렵 | **盼** pàn 동 바라다, 희망하다 | **休假** xiūjià 동 휴가를 보내다

“洋节”在中国

近年来，随着社会的发展，各国文化不断涌向中国，情人节、愚人节、母亲节、父亲节、万圣节、感恩节、圣诞节等许多“洋节”开始走进中国人的生活，并获得了越来越多的年轻人的青睐。

一项网上调查显示，在30岁以下的中国年轻人中，有半数以上喜爱“洋节”胜过喜爱中国传统节日。各大商家也以“洋节”的名义开展各种形式的打折促销活动。据统计，有些商场在圣诞节期间的销售额直追中国传统节日春节和中秋节。

“洋节”为什么这么火呢？一位16岁的高中生说，同学之间互送圣诞贺卡是快乐的简单传递。上班族们则表示，平时生活平静却单调，而注重“玩”的万圣节、圣诞节等给大家提供了一个释放压力的机会。万圣节的南瓜灯、圣诞节点

不断 búduàn 부 부단히, 계속해서 | **涌向** yǒngxiàng 동 ~에 쇄도하다, ~에 몰려들다 | **情人节** Qíngrén Jié 발렌타인데이 | **愚人节** Yúrén Jié 만우절 | **母亲节** Mǔqīn Jié 어머니의 날 | **父亲节** Fùqīn Jié 아버지의 날 | **万圣节** Wànshèng Jié 할로윈 데이 | **感恩节** Gǎn'ēn Jié 추수감사절 | **圣诞节** Shèngdàn Jié 크리스마스 | **获得** huòdé 동 얻다, 획득하다 | **青睐** qīnglài 명 특별한 주목, 호감 | **调查** diàochá 명 조사 | **胜过** shèngguo 형 ~보다 낫다(우수하다) | **名义** míngyì 명 명의, 명칭 | **开展** kāizhǎn 동 넓히다, 전개하다 | **打折** dǎzhé 동 할인하다 | **促销活动** cùxiāo huódòng 판촉행사, 프로모션 | **统计** tǒngjì 명 통계 | **销售额** xiāoshòu'é 명 매출액, 판매액 | **追** zhuī 동 쫓아오다 | **春节** Chūn Jié 명 설, 춘절 | **中秋节** Zhōngqiū Jié 명 추석, 중추절 | **火** huǒ 형 인기 있다 | **贺卡** hèkǎ 명 축하카드 | **传递** chuándì 동 전달하다, 전하다 | **上班族** shàngbānzú 직장인 | **平静** píngjìng 형 평온하다 | **却** què 부 오히려, 도리어 | **单调** dāndiào 형 단조롭다 | **注重** zhùzhòng 동 중시하다 | **提供** tígōng 동 제공하다 | **释放** shìfàng 동 방출하다 | **压力** yālì 명 스트레스 | **南瓜灯** nánguādēng 잭오랜턴

亮圣诞树等跟中国传统节日完全不同的习俗也让大家倍感新鲜有趣。

但是也有人提出，年轻人对“洋节”的态度不够理性。有调查显示，在参加圣诞狂欢的人群中，有超过70%的人不清楚圣诞节的来历及意义，只是“盲目过节”。平安夜送苹果表平安这种商家创造出来的节日习俗也会带来不便。平时10元钱能买三斤苹果，而平安夜包装后的苹果一个就要10元。

到底应该过“洋节”还是中国传统节日？节日是文化的载体，年轻人在体验“洋节”带来的新鲜文化的同时，也不能丢下具有深厚文化内涵的老传统。

点亮 diǎnliàng 동 불을 켜 밝게 하다 | **圣诞树** shèngdànshù 명 크리스마스 트리 | **习俗** xísú 명 습관과 풍속 | **倍感** bèigǎn 동 더욱더 느끼다 | **新鲜** xīnxiān 형 신선하다 | **有趣** yǒuqù 형 재미있다 | **提出** tíchū 동 제시하다 | **态度** tàidù 명 태도 | **理性** lǐxìng 형 이성적이다 | **狂欢** kuánghuān 동 광희하다, 미친 듯이 기뻐하다 | **超过** chāoguò 동 초과하다 | **来历** láilì 명 유래, 경로 | **意义** yìyì 명 의의 | **盲目** mángmù 형 맹목적, 무작정 | **过节** guòjié 동 명절을 쇠다 | **平安夜** píng'ānyè 명 크리스마스 이브 | **商家** shāngjiā 명 상점, 판매자 | **创造** chuàngzào 동 창조하다, 만들다 | **包装** bāozhuāng 동 포장하다 | **到底** dàodǐ 부 도대체 | **载体** zàitǐ 명 캐리어, 저장 장치 | **丢下** diūxià 동 잃다, 떨어뜨리다 | **具有** jùyǒu 동 가지다, 구비하다 | **深厚** shēnhòu 형 깊고 두텁다 | **内涵** nèihán 명 내포

HSK 4级

UNIT 04

UNIT 04

广场领舞者

每天晚上，57岁的李景春跟伙伴们都会去北京南三环东路的一个停车场跳广场舞，表达她们对生活的热爱和坚持。

广场领舞者

在北京南三环东路的一个户外停车场，每天晚上都会有一些中老年阿姨在这儿跳上一个半小时的广场舞。57岁的李景春是这里广场舞的发起人和领舞者。从2008年到现在，她几乎每天都雷打不动，准时起舞。

一开始，李阿姨只是一个人在家附近的商场门口跳。后来，跟跳的人慢慢多了，从三五个到几十个，地方不够大，她们就转战到街对面的停车场，开辟了现在的固定“地盘”。现在，晚上最多时有一百多人一起跳。

领舞 lǐngwǔ 동 군무를 리드하여 춤을 추다 | **户外** hùwài 명 집밖, 야외 | **停车场** tíngchēchǎng 명 주차장 | **阿姨** āyí 명 이모, 아주머니 | **跳** tiào 동 (춤을) 추다 | **广场舞** guǎngchǎngwǔ 명 광장무 | **发起人** fāqǐrén 발기인 | **雷打不动** léidǎbúdòng 의지가 굳세어 흔들리지 않다, 어떤 일이 닥쳐도 꿈적도 않다 | **准时** zhǔnshí 부 제시간에 | **起舞** qǐwǔ 동 (기뻐서) 덩실덩실 춤을 추다 | **不够** búgòu 형 부족하다, 불충분하다 | **转战** zhuǎnzhàn 동 전전하다 | **开辟** kāipì 동 창립하다, 개척하다 | **固定** gùdìng 형 고정되다 | **地盘** dìpán 명 세력 범위, 근거지

李阿姨人缘极好，每天出发前，她都会在路口等邻居舞友一起到马路对面的场地去。

李阿姨不仅是这片广场舞的发起人，还[1]负责领舞、教舞，平均两个星期教一支新舞。现在，大家已经会跳两百多支舞了，包括印度舞、蒙古舞、藏族舞、街舞，等等。

李阿姨教舞是免费的，每人每年交的二十元会费，主要用于[2]音响的保养和更换。李阿姨说，来这儿跳舞的人，有一半都有身体问题，锻炼身体是大家的初衷。

跳舞的人多了，音响设备也由[3]以前的迷你小播放器升级成了大播放器。每天跳舞前，李阿姨会先把[4]歌舞编排好，准备好音乐。李阿姨的广场舞地点在写字楼下，跟住宅小区还有一段距离。跳广场舞的六年间，她从没有和居民发生过矛盾和纠纷。

夏天，广场舞一般从晚上七点半开始，冬天会提早一些。有时，写字楼内工作人员加班，会出来说一声，李阿姨就会把音响声音调小。

人缘 rényuán 명 남과의 관계, 붙임성 | **舞友** wǔyǒu 같이 춤 추는 친구 | **场地** chǎngdì 명 장소, 용지 | **片** piàn 양 차지한 면적 · 범위를 세는 단위 | **平均** píngjūn 부 평균적으로 | **支** zhī 양 춤을 세는 양사 | **包括** bāokuò 동 포함하다 | **印度舞** Yìndù wǔ 인도 춤 | **蒙古** Měnggǔ 지명 몽골 | **藏族** Zàngzú 명 티베트족 | **街舞** jiēwǔ 명 힙합, 힙합 댄스 | **免费** miǎnfèi 동 무료로 하다 | **会费** huìfèi 명 회비 | **音响** yīnxiǎng 명 음향, 녹음기 | **保养** bǎoyǎng 동 정비하다, 손질하다 | **更换** gēnghuàn 동 교체하다, 바꾸다 | **初衷** chūzhōng 명 맨 처음에 먹은 생각 | **设备** shèbèi 명 설비, 시설 | **迷你** mínǐ 형 미니, 소형의 | **播放器** bōfàngqì 명 플레이어 | **升级** shēngjí 동 승급하다, 격상하다 | **编排** biānpái 동 배열하다, 편성하다 | **写字楼** xiězìlóu 명 사무소, 오피스텔 | **住宅** zhùzhái 명 주택 | **小区** xiǎoqū 명 단지 | **距离** jùlí 명 거리 | **矛盾** máodùn 명 모순, 갈등 | **纠纷** jiūfēn 명 다툼, 분쟁 | **提早** tízǎo 동 (예정보다 시간을) 앞당기다 | **加班** jiābān 동 초과 근무를 하다, 야근하다 | **调小** tiáo xiǎo 소리를 줄이다

李阿姨退休前是售货员，年轻时就喜欢唱歌、跳舞。刚退休时，李阿姨跳广场舞是为了锻炼身体，慢慢地越跳越有感觉。

“广场舞没有身材条件的限制，高矮胖瘦都没关系。很多人问我是不是专业的，我真不是专业的，我都是在网上学的。如果要教新舞，我会提前一周就开始改编舞蹈，分解动作。”

晚上九点，广场舞结束[1]，另外两名义务教舞的魏阿姨、孟阿姨和李阿姨一起收起设备，准备回家。

过几天，李阿姨要率队参加广场舞决赛，她们要在回家路上商量一下队伍服装事宜。

李阿姨还有另外一个“身份”——百姓合唱团的负责人之一。早上六点多，李阿姨就骑着装得满满的电动车，来到天坛东门，等待合唱团成员的到

退休 tuìxiū 동 퇴직하다 | **售货员** shòuhuòyuán 명 판매원 | **限制** xiànzhì 동 제한하다 | **专业** zhuānyè 형 전문의 | **改编** gǎibiān 동 (원작을) 각색하다, 개작하다 | **舞蹈** wǔdǎo 명 춤 | **分解** fēnjiě 동 분해하다 | **结束** jiéshù 동 끝나다 | **义务** yìwù 명 의무 | **收** shōu 동 치우다 | **率队** shuàiduì 이끌다 | **决赛** juésài 명 결승전 | **队伍** duìwu 명 대열, 집단 | **事宜** shìyí 명 (관련된) 일, 사항 | **百姓** bǎixìng 명 평민, 백성 | **合唱团** héchàngtuán 합창단 | **负责人** fùzérén 명 책임자 | **装** zhuāng 동 싣다, 담다 | **电动车** diàndòngchē 명 전동차 | **天坛** Tiāntán 고유 톈탄, 천단 | **遮阳伞** zhēyángsǎn 명 양산, 파라솔 | **队旗** duìqí 명 팀 페넌트 | **饮用水** yǐnyòngshuǐ 명 음료수

来。车上装有音响设备、遮阳伞、队旗、饮用水等。

在合唱团开唱之前还有一段空闲时间，李阿姨和同是广场舞成员的伙伴决定练习一段新排练的《小苹果》。由于人少，李阿姨就用了便携的小播放器。李阿姨和队友忘情起舞，引得身后一位围观的阿姨也跟着舞动了起来。

上周，李阿姨率队参加[2]了一场广场舞大赛，凭借一支印度舞取得了小组冠军。决赛时，将有六支队伍比赛跳热曲《小苹果》，舞蹈动作不限。李阿姨用了两天的时间重新编排了舞蹈，准备以全新的《小苹果》在决赛上亮相。

排练完《小苹果》，李阿姨就投入到了百姓合唱团的工作中，担任主持人的她热情饱满。

李阿姨每天的生活都排得满满的，除了要照顾家里的老人和孩子，还要跳广场舞、唱歌、游泳。她说："越上年纪，越体会[3]到身体的重要性，现在我比以前瘦多了，身体也很健康。小时候就梦想着唱歌、跳舞，当初没条件，退休后做这些，我觉得很快乐、很充实[4]。"

(本文选编自 http://news.qq.com/original/oneday/1680.html, 作者：李美多)

空闲 kòngxián 형 한가하다 | 排练 páiliàn 동 무대 연습하다, 리허설 하다 | 携带 xiédài 동 휴대하다, 지니다 | 忘情 wàngqíng 동 감정을 억제할 수 없다, 감정이 북받치다 | 围观 wéiguān 동 둘러싸고 구경하다 | 舞动 wǔdòng 동 휘두르다, 내젓다 | 凭借 píngjiè 동 ~을 기반으로 하다, ~에 근거하다 | 取得 qǔdé 동 얻다 | 冠军 guànjūn 명 우승, 1등 | 热曲 rèqǔ 명 인기 있는 곡 | 不限 búxiàn 동 제한을 두지 않다 | 亮相 liàngxiàng 동 데뷔하다, 모습을 드러내다 | 投入 tóurù 동 몰두하다, 정신을 집중하다 | 担任 dānrèn 동 맡다, 담당하다 | 热情 rèqíng 명 친절, 열정 | 饱满 bǎomǎn 형 포만하다, 충만하다 | 除了 chúle 전 ~을 제외하고 | 照顾 zhàogù 동 돌보다 | 上年纪 shàng niánji 나이가 들다, 나이를 먹다 | 体会 tǐhuì 동 체험하다, 느끼다 | 当初 dāngchū 명 당시, 그때 | 充实 chōngshí 형 충실하다

中国大妈的广场舞

在清晨和傍晚的公园、广场、停车场等宽敞的公共场所，经常可以看到一群人伴着音乐在跳舞，这就是现在在中国越来越普遍的广场舞。

广场舞的参与[2]者大多是退休的中老年大妈，她们在照顾家人的空闲时间里，会在公园或广场架起自带的播放器跳舞。这样既锻炼了身体，又唠了家常，还能秀一下自己。广场舞的规模有大有小，少则三五人，多则几十人，甚至上百人。在音乐的选择上，广场舞以节奏欢快、通俗易懂的流行歌曲和民族歌曲为主。中国男女二人音乐组合“凤凰传奇”的歌曲在广场舞爱好者中非常受欢迎，《小苹果》《美丽的姑娘》等歌曲也是近期比较流行的广场舞音乐。广场舞内容丰富，形式多样，既有事先编排好的，也有即兴发挥的，既有来自网上教学视频的，也有领舞者们自己创作的。

清晨 qīngchén 명 새벽녘 ｜ **傍晚** bàngwǎn 명 저녁 무렵 ｜ **宽敞** kuānchang 형 넓다, 널찍하다 ｜ **公共场所** gōnggòngchǎngsuǒ 명 공공장소 ｜ **群** qún 양 떼, 대중, 무리 ｜ **伴** bàn 동 동반하다, 짝하다 ｜ **普遍** pǔbiàn 부 보편적으로 ｜ **参与** cānyù 동 참여하다 ｜ **架** jià 동 받치다, 놓다 ｜ **唠** lào 동 지껄이다, 이야기하다 ｜ **家常** jiācháng 명 일상적인 일 ｜ **秀** xiù 동 보여주다, 뽐내다 ｜ **规模** guīmó 명 규모 ｜ **则** zé 부 즉, 바로 ｜ **甚至** shènzhì 부 심지어, ~조차도 ｜ **节奏** jiézòu 명 리듬 ｜ **欢快** huānkuài 형 유쾌하다 ｜ **通俗易懂** tōngsú yìdǒng 통속적이어서 알기 쉽다 ｜ **以…为…** yǐ…wéi… ~로써 ~하다 ｜ **组合** zǔhé 명 조합 ｜ **丰富** fēngfù 형 풍부하다 ｜ **多样** duōyàng 형 다양하다 ｜ **既…也…** jì…yě… 동 ~하면서도 ~하다 ｜ **即兴** jíxìng 동 그 자리에서 감흥이 일어나다 ｜ **发挥** fāhuī 동 발휘하다 ｜ **来自** láizì 동 ~로부터 오다 ｜ **视频** shìpín 명 동영상 ｜ **创作** chuàngzuò 동 창작하다

活跃在中国各个角落的广场舞还吸引了一些外国朋友。2016年3月，法国明星苏菲·玛索（Sophie Marceau）到广州参加活动，一下飞机就加入了当地的广场舞队伍，随歌起舞。广场舞作为一项娱乐、健身活动，具有消除疲劳、调节情绪的作用。

广场舞大妈们表示，她们跳舞是为了寻找生活的乐趣并保持健康。一位60多岁的参与者说，跳广场舞让自己感觉更年轻，而且“哪里有广场，就在哪里跳”，不受太多限制。另一位舞者也表示，“跳完心情相当愉悦，还可以忘记所有烦恼。”

活跃 huóyuè 형 활기 차다, 활약하다 | **角落** jiǎoluò 명 구석, 모퉁이 | **吸引** xīyǐn 동 끌어당기다 | **加入** jiārù 동 가입하다, 참여하다 | **娱乐** yúlè 명 오락, 놀이 | **消除** xiāochú 동 없애다, 해소하다 | **疲劳** píláo 명 피로 | **调节** tiáojié 동 조절하다 | **情绪** qíngxù 명 정서, 기분 | **作用** zuòyòng 명 작용, 역할 | **表示** biǎoshì 동 나타내다, 의미하다 | **寻找** xúnzhǎo 동 구하다, 찾다 | **乐趣** lèqù 명 즐거움 | **保持** bǎochí 동 유지하다 | **限制** xiànzhì 명 제한, 한계 | **心情** xīnqíng 명 심정, 기분 | **忘记** wàngjì 동 잊어버리다 | **烦恼** fánnǎo 명 고민, 걱정거리

HSK 5级

UNIT 05

UNIT 05

什刹海三轮车夫

四十六岁的曹俊来因为喜爱英语，成为了北京什刹海的一名三轮车夫。虽然这一职业很辛苦，但是他却乐在其中。

什刹海三轮车夫

四十六岁的曹俊来是北京什刹海的一名三轮车夫。2005年，失业后的曹俊来为了[1]挣钱养家，孤身一人离开老家，对自己的英语颇为自信的他来到北京寻找机会，成为什刹海景区的一名三轮车夫。

什刹海 Shíchàhǎi 지명 스차하이 [베이징성 안에 있는 호수의 이름] | **三轮车** sānlúnchē 명 (자전거식의) 삼륜차 | **挣钱** zhèngqián 동 돈을 벌다 | **养家** yǎngjiā 동 가족을 부양하다 | **孤身一人** gūshēnyìrén 홀몸 | **颇为** pōwéi 부 제법, 상당히 | **寻找** xúnzhǎo 동 구하다, 찾다 | **景区** jǐngqū 명 관광지

每天早晨七点，曹俊来就骑着自行车离开六平米的出租房到达车队。出车前必做的一件事是将自己的“0052号”三轮车擦拭干净并[1]打足气。在接下来的十一个小时里，拿着什刹海游览线路图招揽游客、出车带客人参观老北京胡同和恭王府、后海等景点并解说，成了他一天工作的主要内容。

在曹俊来眼里，三轮车夫不仅仅是体力活儿，更[2]是胡同里的“活名片”，只有不断地汲取营养，提高自身素质，才[3]能更好地将中国文化介绍给世界各地的游客。

出租房 chūzūfáng 명 셋집 | **车队** chēduì 명 차량의 행렬 | **擦拭** cāshì 동 닦다 | **打足气** dǎzúqì 타이어에 바람을 넣다 | **游览** yóulǎn 동 구경하다, 유람하다 | **线路图** xiànlùtú 명 루트맵 | **招揽** zhāolǎn 동 (손님을) 끌어 모으다, 끌다 | **解说** jiěshuō 동 해설하다, 설명하다 | **眼里** yǎnli 명 안중(眼中) | **不仅仅** bùjǐnjǐn ~뿐만 아니다, ~만이 아니다 | **汲取** jíqǔ 동 흡수하다, 섭취하다 | **营养** yíngyǎng 명 영양 | **素质** sùzhì 명 소양, 자질

曹俊来经常在工作间隙阅读英语导游手册，还坚持在工作之余学习英语和什刹海民俗历史。用英文与外国游客交流，给外国游客介绍景点，曹俊来几乎没有障碍。每天能接触到来自不同国家的人，是这份工作吸引曹俊来的重要原因之一。

没有客人的时候，曹俊来喜欢与其他车夫闲谈。聊到高兴的事儿，曹俊来哈哈大笑。

间隙 jiànxì 명 틈, 사이, 겨를 | **手册** shǒucè 명 수첩 | **民俗** mínsú 명 민속 | **障碍** zhàng'ài 명 장애, 방해 | **闲谈** xiántán 동 잡담하다, 한담하다

谈及职业的辛苦[2]，曹俊来说："三轮车夫必须忍受风吹雨打和酷暑寒冬，有时忙起来一天要拉二十多趟[3]活儿，连午饭也[4]顾不上吃。这份工作虽然苦点儿、累点儿，但每月能赚四五千块钱，而且我喜爱的英语也能派上用场，我对现在的生活已经很满足[4]了。"

（本文选编自 http://news.qq.com/original/oneday/1732.html，作者：马平）

谈及 tánjí 동 언급하다, ~에까지 이야기가 미치다 | **忍受** rěnshòu 동 견디어 내다, 참다, 이겨 내다 | **风吹雨打** fēngchuī yǔdǎ 비바람을 맞다, 온갖 풍상을 겪다 | **酷暑** kùshǔ 명 혹서 | **寒冬** hándōng 명 추운 겨울, 엄동 | **顾不上** gùbushàng 동 돌볼 틈이 없다, 신경 쓸 여유가 없다 | **派上用场** pàishang yòngchǎng 도움이 되다, 유용하게 쓰이다 | **满足** mǎnzú 형 만족하다

北京的胡同

如果说故宫、天坛、颐和园等名胜古迹是北京的血液，那么胡同便是北京的筋骨，它四通八达，纵横交错，遍布在北京老城区的每一个角落，它们曾是王公贵族、名人富商的宅邸，现在却可能居住着寻常百姓，这些灰墙灰瓦的老巷子里有着说不完、道不尽的故事。

在北京比较出名的胡同中，南锣鼓巷、什刹海、五道营一带是年轻人的最爱；鼓楼一带的烟袋斜街、帽儿胡同是逛街休闲、欣赏四合院的好去处；西交民巷是百年的银行老街；东交民巷是老北京最长的一条胡同。还有琉璃厂、灵境胡同、金鱼胡同、钱市胡同等等，北京的胡同千千万，总有一条你会喜欢。

骑上自行车，穿行在北京的胡同间，去南锣鼓巷的个性店铺转上一圈，去精巧、时尚的私房小馆吃上一顿，在这条发源于元代、至今仍保存完整的古老街区里，你可以尽情享受古老与现代的融合，传统与时尚的碰撞。什刹海，清代起就

名胜古迹 míngshènggǔjì 명 명승고적 | **血液** xuèyè 명 혈액 | **筋骨** jīngǔ 명 근육과 뼈 | **四通八达** sìtōng bādá (길이) 사방으로 통하다, 교통이 매우 편리하다 | **纵横交错** zònghéng jiāocuò (복잡하게) 이리저리 뒤섞여 있다 | **遍布** biànbù 동 도처에 널리 분포하다, 널리 퍼지다 | **老城区** lǎochéngqū 구시가 지역 | **角落** jiǎoluò 명 구석, 모퉁이 | **宅邸** zháidǐ 명 주택 | **寻常** xúncháng 형 평범하다, 예사롭다 | **巷子** xiàngzi 명 골목 | **不尽** bújìn 다하지 못하다 | **欣赏** xīnshǎng 동 감상하다 | **店铺** diànpù 명 점포, 상점 | **精巧** jīngqiǎo 형 정교하다 | **时尚** shíshàng 명 시대적 유행, 시류 | **至今** zhìjīn 부 지금까지, 오늘까지 | **融合** rónghé 동 융합하다 | **碰撞** pèngzhuàng 동 충돌하다

成为游乐消夏之所，为燕京胜景之一，在这里你可以品酒泛舟，游览湖光山色，也可以搜寻美食，投宿胡同人家，体验一把难得的自然景观和人文胜迹交相辉映的盛景。如果你对中国的古玩有兴趣，烟袋斜街是不错的选择，这里从清代起就以经营烟具、古玩、书画、文具等为主，建筑风格朴素，是闲暇时寻找美食、看古玩、赏古建筑的好去处。

北京的胡同还有很多，胡同里的故事更多。如果你有兴趣，也有时间，就拿起相机，背上背包，去体验“迷失”于胡同的乐趣吧！

游乐 yóulè 동 즐겁게 놀다 | **消夏** xiāoxià 동 여름을 보내다, 피서하다 | **胜景** shèngjǐng 명 아름다운 경치 | **泛舟** fànzhōu 동 배를 띄우다, 배를 타고 놀다 | **湖光山色** húguāng shānsè (거울 같은) 호수와 푸른 산이 어우러진 매우 아름다운 경치 | **搜寻** sōuxún 동 여기저기 (돌아다니며) 찾다, 물으며 찾다 | **投宿** tóusù 동 투숙하다 | **难得** nándé 형 (귀한 물건 · 보배 · 기회 등을) 얻기 어렵다, 구하기 힘들다 | **辉映** huīyìng 동 눈부시게 비치다, 빛나다 | **盛景** shèngjǐng 성황(盛況) | **古玩** gǔwán 명 골동품 | **烟具** yānjù 명 흡연도구 | **风格** fēnggé 명 스타일 | **朴素** pǔsù 형 소박하다 | **闲暇** xiánxiá 명 틈, 짬, 여가 | **迷失** míshī 동 (방향 · 길 등을) 잃다, 잃어버리다

HSK 5级

UNIT 06

UNIT 06

海南“洋女婿”

Patrick是一位生活在海南的爱尔兰人，也是海南的“洋女婿”。海南的风土人情在他眼里特别有魅力，热爱摄影的他，用镜头记录着海南的文化。

海南“洋女婿”

来自爱尔兰的Patrick，一个身份是海南中学的外籍教师，而他的另一个身份则[1]是海南的“洋女婿”。

Patrick喜欢闯世界，今年四十一岁的他曾在澳大利亚、印度尼西亚等十多个国家学习、工作过[2]，这些经历给他带来开阔的视野与丰富[1]的体验。2004年，在广东工作的Patrick结识了海南姑娘吴小花，两人在2006年结了

洋 yáng 명형 외국(의) | 女婿 nǚxù 명 사위 | 爱尔兰 Ài'ěrlán 지명 아일랜드(Ireland) | 风土人情 fēngtǔ rénqíng 명 풍토와 인심, 지방의 특색과 풍습 | 魅力 mèilì 명 매력 | 摄影 shèyǐng 동 촬영하다 | 镜头 jìngtóu 명 (카메라) 렌즈 | 外籍 wàijí 명 외국 국적 | 教师 jiàoshī 명 교사 | 闯世界 chuǎngshìjiè 동 사방을 분주하게 돌아다니며 생계를 꾸리다 | 澳大利亚 Àodàlìyà 지명 오스트레일리아(Australia) | 印度尼西亚 Yìndùníxīyà 지명 인도네시아(Indonesia) | 开阔 kāikuò 형 넓다, 광활하다 | 视野 shìyě 명 시야 | 结识 jiéshí 동 사귀다 | 姑娘 gūniang 명 처녀, 아가씨

婚。2009年，他们回到海南，Patrick在“娘家”扎下了根。

走过十多个国家的Patrick，见识过许多不同的文化，海南的文化在他眼里很特别。利用节假日，Patrick会与妻子、儿子一起深入到海南的农村，一边度假，一边[3]了解[2]海南的风土人情，喜欢摄影的他用镜头记录着海南的文化。

在野外，Patrick第一次看到当地人采集野蜂蜜的情景，他被[4]村民采野蜂蜜的身影吸引，并与他们合影留念。

娘家 niángjia 명 친정 | **扎根** zhāgēn 동 뿌리를 내리다, 자리를 잡다 | **见识** jiànshi 동 견문을 넓히다 | **度假** dùjià 휴가 가다, 휴가를 보내다 | **野外** yěwài 명 야외 | **采集** cǎijí 동 채집하다, 수집하다 | **蜂蜜** fēngmì 명 벌꿀 | **情景** qíngjǐng 명 광경, 장면 | **身影** shēnyǐng 명 형체, 모습 | **吸引** xīyǐn 동 흡인하다, 끌어당기다 | **合影** héyǐng 동 함께 사진 찍다 | **留念** liúniàn 동 기념으로 남겨 두다

每年元宵节，Patrick都会带着相机上街感受[3]“换花节”的传统。在这个海口市一年一度、独具特色的节日盛会里，Patrick见证了万人空巷的节日盛景。

喜欢摄影的Patrick还将镜头对准了海南戏。Patrick因为不会说中文，错过了不少关于中国文化的东西，但海南戏是非常直观的文化现象，是Patrick不需要翻译就可以直接感知的文化。

元宵节 Yuánxiāo Jié 명 정월대보름 | **海口** Hǎikǒu 지명 하이커우 | **独具** dújù 동 독자적으로 갖추다 | **盛会** shènghuì 명 축제 | **见证** jiànzhèng 동 (눈으로 직접 보아) 증명할 수 있다 | **万人空巷** wànrénkōngxiàng 가가호호(家家户户)의 사람들이 모두 거리로 나오다 | **对准** duìzhǔn 동 겨누다, 초점을 맞추다 | **戏** xì 명 연극, 극 | **错过** cuòguò 동 놓치다 | **直观** zhíguān 형 직관적이다 | **感知** gǎnzhī 동 감지하다

“海南是我太太的娘家，也是我的家。”Patrick一字一句地用妻子刚刚教给他的中文表达[4]着对海南岛的感情。

Patrick镜头里的海南文化越来越丰富，他在海南的生活也越来越精彩。Patrick还创建了一个介绍海南的网站，仅2014年就有5000多名来自世界各地的旅游者点击浏览，他希望看到越来越多的外国人关注海南岛，来海南岛旅行。

（本文选编自 http://news.qq.com/original/oneday/1880.html，作者：张杰）

创建 chuàngjiàn 동 창립하다 | **点击** diǎnjī 동 클릭하다 | **浏览** liúlǎn 동 훑어보다, 대강 둘러보다 | **关注** guānzhù 동 관심을 갖다

海南岛：中国南海的一颗明珠

海南省位于中国最南端，由众多大大小小的岛屿组成，其中海南岛是仅次于台湾岛的中国第二大岛。海南岛气候舒适，风景迷人，物产丰富，被称为中国南海的一颗明珠。

提起海南岛，很多人首先想到的就是阳光、沙滩和碧蓝的大海。独特的自然条件和如画的热带风光使这里成为了人们心中的度假胜地和人间天堂。每年都有世界各地的游客来到海南岛，徜徉在蓝天下，漫步在沙滩上，品尝着当地的特色美食，享受一个舒服、放松的假期。尤其在冬天，当中国大多数地方天气寒冷的时候，海南岛便迎来了旅游的旺季，酒店常常供不应求。人们纷纷来到这个热带小岛上，度过一个温暖而惬意的冬天。

对很多游客来说，来到海南岛必去的一个地方，便是位于三亚市的“天涯海角”。在三亚的海滩上，有两块巨大的石头，分别刻着“天涯”和“海角”四个

颗 kē 양 알, 방울 | **明珠** míngzhū 명 귀중한 보배 | **岛屿** dǎoyǔ 명 섬 | **仅次于** jǐncìyú 다음으로 | **迷人** mírén 형 매력적이다 | **阳光** yángguāng 명 햇빛 | **沙滩** shātān 명 모래사장 | **碧蓝** bìlán 형 짙은 남색(의) | **热带** rèdài 명 열대 | **风光** fēngguāng 명 풍경, 경치 | **胜地** shèngdì 명 아름다운 경지 | **天堂** tiāntáng 명 천당 | **徜徉** chángyáng 동 한가로이 거닐다, 유유히 걷다 | **漫步** mànbù 동 한가롭게 거닐다 | **品尝** pǐncháng 동 시식하다, 맛보다 | **美食** měishí 명 맛있는 음식 | **旺季** wàngjì 명 성수기 | **供不应求** gōngbúyìngqiú 공급이 수요를 따르지 못하다 | **纷纷** fēnfēn 부 잇달아, 계속하여 | **惬意** qièyì 동 만족하다, 흐뭇하다 | **位于** wèiyú ~에 위치해 있다 | **天涯** tiānyá 명 하늘 끝, 아득히 먼 곳 | **海角** hǎijiǎo 명 바다의 끝

大字，意思是天的边缘，海的尽头。传说只要一对恋人一起来到“天涯海角”，他们的爱情便可以长长久久，很多恋人会在“天涯海角”拍下合影，作为他们爱情的见证。

除了迷人的自然风光，海南岛还有多彩的地域文化。其中，海南戏是海南汉族的民间戏曲，用海南方言演唱，并伴有武术和杂技表演，是海南文化的重要代表。此外，生活在海南岛的很多少数民族，也有着独具特色的传统文化，比如苗族的民歌、黎族的织染等，这些都让海南文化更加丰富多彩。

尽头 jìntóu 명 막바지, 말단 | **长久** chángjiǔ 형 장구하다 | **见证** jiànzhèng 명 증인, 증거 | **戏曲** xìqǔ 명 전통극 | **演唱** yǎnchàng 동 공연하다 | **武术** wǔshù 명 무술 | **杂技** zájì 명 서커스, 곡예 | **苗族** Miáozú 명 묘족 | **黎族** Lízú 명 여족 | **织染** zhīrǎn 동 염직하다, 염색하다

HSK 5级

UNIT 07

UNIT 07

北漂女歌手的24小时

魏佳艺当过酒吧歌手，也参加过选秀比赛，热爱唱歌的她最终还是决定留在北京生活，实现自己的梦想。

北漂女歌手的24小时

—上午9:30 狭窄的卫生间内，吹风机吹起了魏佳艺湿漉漉的头发。

如果不是有演出，习惯了夜场工作的她平时都是临近中午才起床。今天晚上，魏佳艺要和唐人街乐队上演一场[1]重金属表演，在这之前，她需要熟悉歌词，并和乐队做最后的彩排。

—上午10:05 小狗YOYO看着魏佳艺化妆。

大学时，魏佳艺开始在酒吧演出，一场只有二三十块钱。

北漂 běipiāo 동 베이징(北京)에서 방랑 생활을 하다 명 베이징(北京)에 살지만 베이징 호적이 없는 사람 | **选秀比赛** xuǎnxiù bǐsài 오디션 | **狭窄** xiázhǎi 형 비좁다, 편협하다 | **卫生间** wèishēngjiān 명 화장실 | **吹风机** chuīfēngjī 명 헤어드라이어 | **湿漉漉** shīlùlù 흠뻑 젖다, 축축하다 | **头发** tóufa 명 머리카락 | **演出** yǎnchū 동 공연하다 | **夜场** yèchǎng 명 야간 공연 | **临近** línjìn 동 다가오다, 근접하다 | **唐人街** Tángrénjiē 명 차이나타운 | **乐队** yuèduì 명 밴드, 악대 | **重金属** zhòngjīnshǔ 헤비메탈 | **熟悉** shúxī 동 숙지하다, 익히다 | **歌词** gēcí 명 가사 | **彩排** cǎipái 명 리허설

—上午10:30 魏佳艺头戴耳麦，看着镜头微笑。

现在魏佳艺和老公租住在北京郊区一处两居室内，里面还有一个十平方米的排练室，排练室里摆放着所有演出的“家当”[2]。每天魏佳艺都会在这个属于自己的世界里练歌。

—上午11:00 魏佳艺正在试话筒。

透过话筒罩，魏佳艺投入地唱歌，她的生活已经不能没有音乐。

—上午11:20 唱到高潮处，魏佳艺会忘掉自己。

魏佳艺说上学时的愿望都很小，在小酒吧唱歌的时候，就希望以后能在更大的酒吧唱。之后去了大一点儿的酒吧，就希望去最大的歌厅唱，再然后就希望有更大的舞台。“目标[1]都不大，但一个个都实现了。”魏佳艺说。

戴 dài 동 (장신구를) 착용하다, 쓰다, 차다 | **耳麦** ěrmài 명 헤드셋 | **镜头** jìngtóu 명 (카메라) 렌즈 | **微笑** wēixiào 동 미소 짓다 | **租** zū 동 임대하다, 빌리다 | **郊区** jiāoqū 명 교외 | **两居室** liǎngjūshì 방 두 개짜리 집 | **平方米** píngfāngmǐ 명 제곱미터 | **排练** páiliàn 동 무대 연습을 하다, 리허설 하다 | **摆放** bǎifàng 동 두다, 놓다 | **家当** jiādàng 명 가재도구, 가구 | **属于** shǔyú 동 ~에 속하다 | **话筒** huàtǒng 명 마이크 | **透过** tòuguo 동 투과하다, 통과하다 | **罩** zhào 명 커버, 덮개 | **投入** tóurù 동 몰두하다, 정신을 집중하다 | **高潮** gāocháo 명 클라이맥스, 절정 | **愿望** yuànwàng 명 바람, 희망 | **歌厅** gētīng 명 노래방 | **舞台** wǔtái 명 무대 | **目标** mùbiāo 명 목표 | **实现** shíxiàn 동 실현하다

一上午11:40 原创的歌曲声调有些高，魏佳艺在想如何[2]唱效果会更好。

第三季《中国好声音》海选的时候，魏佳艺去上海面试了好几轮，导演组要求她先后改编了二十多首歌。“我真的是特别努力了，但都走到最后一步了，还是没有成功。”

一下午1:40 住所楼下，酷酷的发型让[3]魏佳艺显得很帅气。

现在的魏佳艺有两个理想，一大一小：“我希望自己能写出一首非常经典的好歌，能够广为传唱。等到自己离开这个世界以后，人们也会回忆说‘这是已故音乐人魏佳艺的歌’，哈哈！”魏佳艺大笑着说。

原创 yuánchuàng 동 창시하다, 처음으로 만들다 | **歌曲** gēqǔ 명 노래 | **如何** rúhé 대 어떻게 | **效果** xiàoguǒ 명 효과 | **海选** hǎixuǎn 명 오디션 | **面试** miànshì 명 면접 | **轮** lún 양 바퀴, 차례 | **导演** dǎoyǎn 명 감독 | **改编** gǎibiān 동 (원작을) 각색하다, 개작하다 | **酷** kù 쿨하다, 멋있다 | **发型** fàxíng 명 헤어스타일 | **帅气** shuàiqi 형 멋있다, 폼이 나다 | **理想** lǐxiǎng 명 이상, 꿈 | **首** shǒu 양 곡 [노래를 세는 양사] | **经典** jīngdiǎn 형 뛰어나다 | **广为传唱** guǎngwéi chuánchàng 널리 애창되다 | **回忆** huíyì 동 회상하다, 추억하다 | **已故** yǐgù 형 죽은, 사망한

—下午2:40 收拾好一切行囊，魏佳艺出门上路。

“但是这挺难的，我越来越发现[3]写歌其实讲究缘分，有时候需要特别好的点，碰到特别好的词，再加上特别好的旋律，才会写出一首好歌。”魏佳艺说。

—下午3:25 魏佳艺开车到达[4]演出地点。

魏佳艺还有一个小的理想，就是可以自己开一间酒吧或者咖啡店，有自己的舞台。“等我老的时候，我可以有自己唱歌的地方，这地方我说了算。”魏佳艺说。

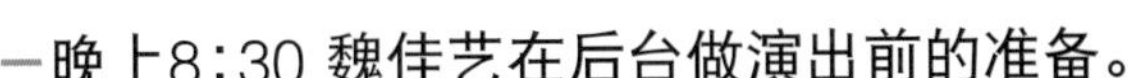

—晚上8:30 魏佳艺在后台做演出前的准备。

演出还有半个小时就要开始，魏佳艺一个人在后台化妆。

—晚上9:00 魏佳艺开始表演。

魏佳艺上场了，这个舞台完全属于她，台下的粉丝为之[4]欢呼。

（本文选编自 http://news.qq.com/original/oneday/1961.html，作者：陈洁）

收拾 shōushi 동 정리하다, 치우다 | **行囊** xíngnáng 명 여행용 행낭 | **上路** shànglù 동 길을 나서다, 출발하다 | **讲究** jiǎngjiu 동 중요시하다, 주의하다 | **缘分** yuánfèn 명 인연, 연분 | **碰到** pèngdào 동 만나다 | **旋律** xuánlǜ 명 선율, 멜로디, 리듬 | **到达** dàodá 동 도착하다, 이르다 | **上场** shàngchǎng 동 등장하다, 출연하다 | **粉丝** fěnsī 명 팬 | **欢呼** huānhū 동 환호하다

漂还是不漂，这是一个问题

“北漂”一词是指那些从其他地方来到北京（“迁移”是“漂”的第一层含义），在北京生活却没有北京户口的人。他们或许已经有了工作，或许正在寻找发展机遇（“未扎根”是“漂”的第二层含义）。这些人几乎都是年轻人，多数人往往有一定的学历或较高的文化素养、知识技能，他们主要寻求在文化和高新技术等产业一展抱负。这些人在心理上更是一种漂的状态（“心理上的漂”应该是“漂”的第三层含义），也许很多北漂人很成功，但很多人的内心却还缺少一种心灵的安全感和归属感。

“漂”已经不仅局限在中国，而是一个世界问题。在中国的北京、上海、广州、深圳等大城市存在一批漂泊、奋斗的年轻人，美国纽约、英国伦敦、日本东京等城市，更是年轻人向往并愿意为之漂泊的“乐土”。

一线城市竞争压力大、生活成本高、工作节奏快，这些情况在全世界的大城

迁移 qiānyí 동 이사하다, 이전하다 | **漂** piāo 동 표류하다, 떠돌다 | **含义** hányì 명 함의, 내포된 뜻 | **户口** hùkǒu 명 호적, 호구 | **或许** huòxǔ 부 아마, 혹시 | **寻找** xúnzhǎo 동 구하다, 찾다 | **机遇** jīyù 명 좋은 기회, 찬스 | **扎根** zhāgēn 동 뿌리를 내리다 | **几乎** jīhū 부 거의 | **往往** wǎngwǎng 부 자주, 종종 | **学历** xuélì 명 학력 | **素养** sùyǎng 명 소양 | **技能** jìnéng 명 기능 | **一展抱负** yìzhǎn bàofù 뜻을 펼치다 | **状态** zhuàngtài 명 상태 | **缺少** quēshǎo 동 부족하다 | **心灵** xīnlíng 명 정신, 영혼 | **归属感** guīshǔgǎn 소속감 | **局限** júxiàn 동 국한하다, 한정하다 | **漂泊** piāobó 동 유랑하다, 떠돌아다니다 | **奋斗** fèndòu 동 분투하다 | **纽约** Niǔyuē 지명 뉴욕 | **伦敦** Lúndūn 지명 런던 | **向往** xiàngwǎng 동 동경하다 | **一线城市** yíxiàn chéngshì 중국에서 경제적 · 문화적으로 가장 발달된 도시 [베이징, 상하이, 광저우, 선전을 말함] | **竞争** jìngzhēng 명 경쟁 | **成本** chéngběn 명 원가 | **节奏** jiézòu 명 리듬, 템포

市都差不多，享受大城市的资源和便利的同时就必须接受这些现实。同时，年轻人也要有明确的发展目标和前进方向，必须具备良好的心理素质和强大的抗压能力，要能经受住挫折甚至失败的考验。而在中小城市，生活比较安逸、舒适，职业发展平台虽不如纽约、伦敦、北京、上海这样的大城市，但却给人才留出了较大的施展舞台，竞争压力相对较小，人与人之间也相对容易亲近。

但是到底是选择在大城市“漂”，还是在中小城市相对安逸地生活，很多时候不应该囿于别人的眼光，而更应该听从自己的内心感受。如果在大城市的紧张生活让你感到自己像困在笼子里的小鸟，那么转向中小城市追寻更高的生活品质和更好的心灵体验，也是不错的选择。

享受 xiǎngshòu 동 누리다, 즐기다 | **资源** zīyuán 명 자원 | **便利** biànlì 형 편리하다 | **具备** jùbèi 동 갖추다, 구비하다 | **抗压** kàng yā 스트레스를 견디다 | **经受** jīngshòu 동 견디다 | **挫折** cuòzhé 명 좌절, 실패 | **考验** kǎoyàn 명 시험, 검증 | **安逸** ānyì 형 안일하다, 편하고 한가롭다 | **平台** píngtái 명 플랫폼 | **施展** shīzhǎn 동 발휘하다, 펼치다 | **亲近** qīnjìn 형 가깝다, 친근하다 | **囿于** yòuyú 동 구애되다, 구속 받다 | **眼光** yǎnguāng 명 안목 | **听从** tīngcóng 동 (남의 말을) 듣다, 따르다 | **困** kùn 동 포위하다, 가두어 놓다 | **笼子** lóngzi 명 상자, 이동장 | **转向** zhuǎnxiàng 동 방향을 바꾸다 | **追寻** zhuīxún 동 추적하다, 따지다

HSK 5级

UNIT 08

UNIT 08

快递小哥儿的“购物节”

近年来，中国的网购势头发展迅猛，物流业也随之兴盛。张锐做快递员已经五六年了，每年的网络“购物节”是他最忙碌的时候。

快递小哥儿的"购物节"

近年来，随着[1]各互联网电商"购物节"的到来，网络购物蓬勃兴起，这也影响着物流业的发展。张锐是扬州市一家快递公司的快递员，从事[2]快递行业已有五六年。11月的"双十一购物节"期间，他每天都会打出近百个重复[1]的电话："您好，您的快递到了，我在您楼下……"

初冬的扬州，室外天气很冷，快递员张锐正在抹护肤霜。他在为即将[3]

快递 kuàidì 명 택배, 배송 | **网购** wǎnggòu 인터넷 쇼핑 | **势头** shìtóu 명 형세, 기세 | **迅猛** xùnměng 형 빠르고 맹렬하다, 날쌔고 사납다 | **物流业** wùliúyè 물류업 | **兴盛** xīngshèng 형 흥성하다, 번창하다 | **快递员** kuàidìyuán 택배기사 | **网络** wǎngluò 명 네트워크, 웹 | **购物** gòuwù 동 구매하다 | **忙碌** mánglù 형 바쁘다 | **随着** suízhe 전 ~에 따라 | **互联网** hùliánwǎng 명 인터넷 | **电商** diànshāng 전자상거래(e-commerce), '电子商务'의 줄임말 | **到来** dàolái 동 닥쳐오다, 도래하다 | **蓬勃** péngbó 형 왕성한 모양, 활기 있는 모양 | **兴起** xīngqǐ 동 흥기하다 | **扬州** Yángzhōu 지명 양저우, 양주 | **从事** cóngshì 동 종사하다 | **行业** hángyè 명 직종, 업종 | **重复** chóngfù 동 중복하다, 반복하다 | **室外** shìwài 명 실외 | **抹** mǒ 동 바르다, 칠하다 | **护肤霜** hùfūshuāng 크림 | **即将** jíjiāng 부 곧, 머지않아

开始的一天做准备。

创可贴、护肤霜和感冒药是张锐冬天的随身“三件宝”。

因为赶时间，上班途中，张锐在路边买了点儿早餐，边走边吃。“购物节”期间，他每天要跑近50公里路程，送150件快件，从早上七点一直忙到晚上十点多。

近期，“购物节”一个接着一个，各大快递公司才刚刚经历❷完“双十一”，又要为即将到来的“双十二购物节”做准备了。

张锐利用❸派件间隙吃了一碗泡面。他的早饭和午饭几乎都在电动车上解决，晚上十点多回家后才吃“正餐”。他笑着说：“送完一天的快件后，脸都冻麻木了。”

创可贴 chuāngkětiē 명 일회용 밴드(반창고) | **随身** suíshēn 형 몸에 지니다, 휴대하다 | **路程** lùchéng 명 노정 | **快件** kuàijiàn 명 택배 | **近期** jìnqī 명 단기, 가까운 기일 | **接着** jiēzhe 부 이어서, 연이어 | **经历** jīnglì 동 겪다 | **派件** pàijiàn 택배 배달 | **间隙** jiànxì 명 틈, 사이, 겨를 | **泡面** pàomiàn 명 인스턴트 라면 | **电动车** diàndòngchē 명 전동차 | **解决** jiějué 동 해결하다 | **正餐** zhèngcān 명 정찬, 제대로 된 식사 | **冻** dòng 동 얼다, 응고되다 | **麻木** mámù 형 마비되다, 저리다

发工资后，张锐会习惯性地去银行查看自己的账户。据了解，在“购物节”期间，月收入在三千元至六千元的快递员占一半以上，有些甚至超过一万元。张锐说：“这样的网上‘购物节’，对于[4]我们这些快递员来说[4]，真是个甜蜜的‘负担’。”

完成一天的工作时已经是凌晨，张锐在寒风中骑着车回出租屋。由于老家不在扬州，张锐不能经常回去。特别是到每年“购物节”时，他就不得不延迟回家的时间。

张锐有一个5岁的可爱儿子，每当他因工作没有时间回家时，儿子就会要求妈妈带自己坐城际公交到扬州找爸爸。

工资 gōngzī 명 월급 | **习惯性** xíguànxìng 명 습관적 | **查看** chákàn 동 살펴보다, 조사하다 | **账户** zhànghù 명 계좌 | **据** jù 전 ~에 따르면 | **至** zhì 동 ~에 이르다 | **占** zhàn 동 차지하다 | **甚至** shènzhì 부 심지어, ~조차도 | **超过** chāoguò 동 초과하다 | **甜蜜** tiánmì 형 달콤하다 | **负担** fùdān 명 부담 | **凌晨** língchén 명 새벽 | **寒风** hánfēng 명 찬 바람, 한풍 | **出租屋** chūzūwū 임대방, 셋방 | **延迟** yánchí 동 연기하다 | **每当** měidāng ~할 때마다 | **城际** chéngjì 형 도시 간의 | **公交** gōngjiāo 명 버스

凌晨，张锐回到家后下了一碗鸡蛋面，开始吃他一天当中的“正餐”。

吃完以后，张锐用热水泡脚解乏。只有在这个时候，他才能坐下来享受一下生活。

睡觉前，张锐给自己简单地做了一下头部按摩，缓解疲劳。他还会打开手机查看第二天的天气。

张锐和他的同事们都是一群有梦想的年轻人。当谈到自己的梦想时，张锐笑着说：“希望将来可以有自己的生意，当一个老板。”

（本文选编自 http://news.qq.com/original/oneday/1808.html，作者：孟德龙）

当中 dāngzhōng 명 중간, 한복판, 그 가운데 | **泡脚** pàojiǎo 동 발을 담그다 | **解乏** jiěfá 동 피로를 풀다 | **享受** xiǎngshòu 동 즐기다 | **头部** tóubù 명 머리 | **按摩** ànmó 동 안마하다 | **缓解** huǎnjiě 동 완화하다 | **疲劳** píláo 명 피로 | **群** qún 양 떼, 대중, 무리 | **梦想** mèngxiǎng 명 꿈 | **生意** shēngyi 명 장사 | **老板** lǎobǎn 명 주인, 사장

“双十一”：人造血拼狂欢节

2009年11月11日，“天猫”（当时称“淘宝商城”）开始在“光棍节”举办促销活动，希望可以通过促销推广品牌。而这个人造的网络购物节自诞生之日起，就火得一发不可收拾。

目前，“双十一”已经被消费者当作一年中最好的囤货时机。这一天，电商平台上平时不打折的商品也会打4～5折，甚至是2～3折。充满诱惑力的优惠使得“剁手党”们目不转睛地盯着自己的电脑或手机屏幕，生怕晚了一步，就错过这难得的大好机会。

2015年11月11日，阿里巴巴“天猫双11全球狂欢节”开场12分28秒，交易额就冲到了100亿元；11月11日24时，全天交易额达912.17亿元，成为7年以来的

人造 rénzào 형 인조의, 인공의 | **血拼** xuèpīn 동 격렬하게 싸우거나 경쟁하다 | **狂欢节** kuánghuānjié 명 카니발, 페스티벌 | **光棍节** guānggùnjié 명 솔로의 날 | **举办** jǔbàn 동 열다, 개최하다 | **促销** cùxiāo 동 판매를 촉진시키다 | **推广** tuīguǎng 동 널리 보급하다 | **品牌** pǐnpái 명 브랜드 | **自** zì 전 ～에서부터 | **诞生** dànshēng 동 탄생하다, 생기다 | **火** huǒ 형 인기 있다 | **收拾** shōushi 동 정리하다, 치우다 | **囤货** túnhuò 동 사재기하다 | **时机** shíjī 명 시기, 기회 | **平台** píngtái 명 플랫폼 | **打折** dǎzhé 동 할인하다 | **充满** chōngmǎn 동 충만하다 | **诱惑力** yòuhuòlì 매력 | **优惠** yōuhuì 형 특별대우하다, 할인해 주다 | **使得** shǐde 동 어떠한 결과를 불러 일으키다, ～하게 하다 | **剁手党** duòshǒudǎng 인터넷 쇼핑 중독자들을 비유하는 말 | **目不转睛** mùbùzhuǎnjīng 눈 한 번 깜박하지 않고 보다, 주시하다 | **屏幕** píngmù 명 스크린 | **生怕** shēngpà 부 아마 ～일 것이다 | **错过** cuòguò 동 놓치다 | **难得** nándé 형 얻기 어렵다 | **阿里巴巴** Ālǐbābā 고유 알리바바(阿里巴巴) [중국 최대의 전자상거래 회사, 타오바오왕(淘宝网)] | **开场** kāichǎng 동 (일이) 시작하다(되다) | **交易额** jiāoyì'é 거래액 | **冲** chōng 동 돌진하다, 돌파하다 | **达** dá 동 도달하다, 이르다

最高纪录。这一天的快递物流订单数量达4.68亿，一位快递公司的员工发微博说："已被快递淹没。"

2015年"双十一"的全球化也是一个新亮点，阿里巴巴平台当日成交国家和地区达200多个。英国《每日电讯报》预测，5年之内中国将成为世界上最大的进口商品电子商务市场。

如今，"双十一"已经成为购物节的代名词。它不仅是网购族们的狂欢，对非网购人群、线下商城也产生了很大的影响。从2009年到2015年，"双十一"已经从天猫扩展到几乎所有电商平台，从中国扩展到全球。11月11日正逐渐从单一的电商营销日，变为大部分消费者的购物狂欢节。

纪录 jìlù 명 기록 | **订单** dìngdān 명 주문서 | **微博** Wēibó 웨이보 [중국의 최대 SNS] | **淹没** yānmò 동 침몰하다, 파묻히다 | **亮点** liàngdiǎn 명 포인트 | **预测** yùcè 동 예측하다 | **代名词** dàimíngcí 명 대명사 | **线下** xiànxià 오프라인 | **扩展** kuòzhǎn 동 확장하다 | **单一** dānyī 형 단일하다 | **营销日** yíngxiāorì 영업일

HSK
5级

UNIT 09

UNIT 09

穿汉服的女孩儿

90后女孩儿龙佳言，凭着对中国传统服饰文化的热爱，埋头自学汉服，如今不仅是长沙汉服圈小有名气的达人，还开起了自己的汉服工作室。

穿汉服的女孩儿

在看了一部关于❶汉服的宣传片之后，龙佳言便爱上了这种服饰。“视频中典雅的汉服，为什么不能在当代流行❷呢？”在阅读了大量有关汉服的书籍和资料后，龙佳言拿着打零工攒下的钱，到布料市场买了布料和裁衣工具，开始尝试起来。

在长沙一间十多平方米的工作室里，龙佳言正在整理❸她最近才❶做的一件汉服。在做这件汉服前，她曾做废过三件，用时半个多月。

热爱 rè'ài 동 열렬히 사랑하다 | **埋头** máitóu 동 몰두하다, 정신을 집중하다 | **如今** rújīn 명 지금, 이제 | **达人** dárén 명 달인 | **长沙** Chángshā 지명 창샤 | **工作室** gōngzuòshì 명 제작실, 작업실 | **宣传片** xuānchuánpiàn 홍보 영상, 티저 영상 | **服饰** fúshì 명 의복과 장신구 | **典雅** diǎnyǎ 형 우아하다 | **汉服** Hànfú 중국 한족의 전통적 의복 | **书籍** shūjí 명 서적, 책 | **打零工** dǎlínggōng 임시로 고용되어 일하다, 아르바이트하다 | **攒** zǎn 동 모으다 | **布料** bùliào 명 천, 옷감 | **裁衣** cáiyī 동 의복을 재단하다 | **废** fèi 형 쓸모없는, 못 쓰게 된

2013年10月，龙佳言揣着积攒加上借来的两万元钱，开起了自己的汉服工作室。她从古书中学习汉服的样式，自己裁剪，设计更时髦[2]、更有现代元素的汉服。

经常奔走于布料市场，龙佳言对于[1]布料的材质、价格基本了然于心。龙佳言对自己的要求也一直很严格[4]，每一次裁剪布料都力求准确。

龙佳言做成[2]第一件汉服，是在2012年9月18日。她说，那时自己一针一线缝制了三天才完成。

一年前龙佳言学会了开网店，现在经常会有来自[3]全国各地的网友找她定制或租借汉服。

揣 chuāi 동 옷 안에 간직하다, 감추다 | **积攒** jīzǎn 동 조금씩 모으다, 저축하다 | **古书** gǔshū 명 고서, 옛날 책 | **样式** yàngshì 명 양식, 디자인 | **裁剪** cáijiǎn 동 재단하다 | **时髦** shímáo 형 유행이다, 최신식이다 | **元素** yuánsù 명 원소 | **奔走** bēnzǒu 동 뛰어다니다, 바쁘게 다니다 | **材质** cáizhì 명 재질 | **了然于心** liǎorányúxīn 이미 마음속으로 생각한 바가 있다 | **严格** yángé 형 엄격하다 | **力求** lìqiú 동 힘써 노력하다 | **准确** zhǔnquè 형 정확하다 | **缝制** féngzhì 동 (옷·이불 따위를) 짓다, 만들다 | **定制** dìngzhì 동 주문하여 만들다 | **租借** zūjiè 동 빌려 쓰다

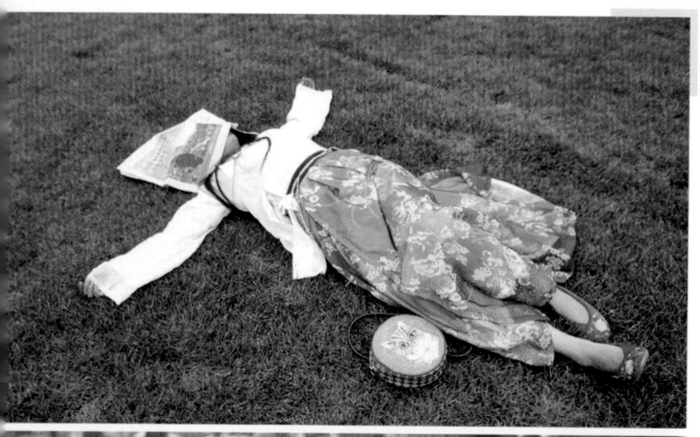

龙佳言会将顾客使用后寄回的汉服分类清洗，她说：“穿过一次的服装必须洗一遍，要不然[4]再租借给别的顾客会不卫生。”

龙佳言穿着汉服坐地铁，这是她第一次感受长沙地铁，穿着汉服的她在人海中显得格外抢眼。

轻柔典雅、含蓄清新的汉服色彩让人赏心悦目，与汉服相搭配的头饰佩戴也有一定的讲究。但龙佳言觉得，在日常生活中，自己戴着舒服、好看就行。

每天睡觉前，龙佳言都会坐在电脑前浏览一些关于汉服的知识。她总觉得自己对于中国的传统文化还知之

清洗 qīngxǐ 동 깨끗하게 씻다 | **卫生** wèishēng 형 위생적이다, 깨끗하다 | **抢眼** qiǎngyǎn 동 눈길을 끌다, 황홀케 하다 | **轻柔** qīngróu 형 가볍고 부드럽다 | **含蓄** hánxù 동 포함하다, 함축하다 | **清新** qīngxīn 형 신선하다, 참신하다 | **赏心悦目** shǎngxīn yuèmù 아름다운 정경을 감상하여 눈과 마음이 즐겁다 | **搭配** dāpèi 동 배합하다, 조합하다 | **头饰** tóushì 명 머리 장식품 | **佩戴** pèidài 동 몸에 달다 | **讲究** jiǎngjiu 동 중요시하다, 주의하다 | **知之甚少** zhīzhīshènshǎo 아는 것이 매우 적다

甚少。现在，为了给自己充电，龙佳言业余时间会向老师、专家请教中华传统文化，还经常参加各种汉服文化讲座。

就是这个90后女孩儿，凭着对中国传统服饰文化的热爱，埋头自学，如今已经是长沙汉服圈小有名气的达人。她希望实现汉服日常化，将汉服做得具有流行美，吸引更多的人一起来感受汉服之美。

（本文选编自 http://news.qq.com/original/oneday/1631.html，作者：李健）

讲座 jiǎngzuò 명 강좌 | **充电** chōngdiàn 동 충전하다 | **业余** yèyú 형 여가의

人靠衣装

中国人常说：“人靠衣装，马靠鞍。”意思是说穿衣打扮可以体现出一个人的品味和内涵，由此可见中国人对服饰的重视。

自黄帝以来至明末清初的漫长历史进程中，汉民族形成了具有独特民族特征，明显区别于其他民族的传统服饰——汉服。汉服产生于华夏大地，却影响了整个汉文化圈，我们可以从很多亚洲国家和地区的传统服饰中看出汉服的影响。

除了汉服以外，旗袍也是中国悠久服饰文化的体现之一。民国时期的妇女在西洋文化和妇女解放思想的影响之下，对中国传统袍服进行不断改良，“紧腰身，两边开衩，袖口收小……”。可以很好地凸显中国女性优美曲线的旗袍，顺理成章地获得了广大妇女的喜爱。时至今日，仍有很多女性喜欢在比较隆重的场合身着旗袍，展示旗袍之美。

人靠衣装 rénkào yīzhuāng 사람은 옷이 날개다 | **马靠鞍** mǎkào'ān 말은 안장이 날개다 | **打扮** dǎban 동 화장하다, 치장하다 | **体现** tǐxiàn 동 구현하다 | **品味** pǐnwèi 명 품위 | **内涵** nèihán 명 내포 | **漫长** màncháng 형 멀다, 길다 | **区别** qūbié 명 구별, 차이 | **旗袍** qípáo 명 치파오 | **解放** jiěfàng 동 해방하다(되다) | **思想** sīxiǎng 명 사상, 생각, 견해 | **改良** gǎiliáng 동 개량하다, 개선하다 | **开衩** kāichà 동 옷자락을 트다 | **袖口** xiùkǒu 명 소매 | **收小** shōuxiǎo 동 축소하다, 줄어들다 | **凸显** tūxiǎn 동 분명하게 드러나다, 확연히 표현하다 | **曲线** qūxiàn 명 곡선 | **顺理成章** shùnlǐ chéngzhāng 이치에 맞으면 저절로 되기 마련이다 | **时至今日** shízhì jīnrì 오늘날에 이르러, 지금에 와서 | **隆重** lóngzhòng 형 성대하고 장중하다

在新中国成立之后的很长一段时间里，中国人的服饰以深色中山装为主。直至改革开放以后，西方的男士西装、女士时装才涌进中国，中国人的服装开始与世界接轨，中国人对世界著名服装品牌也越来越熟悉。随着越来越多的中国人走出国门，中国人对着装的追求开始转向个性化、多元化，大家开始不再只是简单、盲目地追随“流行”，而是选择自己喜欢并且适合自己的服饰。

近年来，越来越多的中国领导人或国际明星愿意在国际场合以中国味儿十足的中式服装示人，以马褂为雏形、加入立领和西式立体裁剪设计的“唐装”一度大为流行，“汉服运动”也在中国年轻人中越来越热。这些现象的出现，反映出的是中国人对民族身份的认同、文化自信的苏醒以及对传统文化的寻根。

中山装 zhōngshānzhuāng 명 인민복, 중산복 | **涌进** yǒngjìn 동 많이 밀려들다, 앞으로 전진하다 | **接轨** jiēguǐ 동 연결하다, 접속하다 | **追随** zhuīsuí 동 뒤쫓아 따르다 | **十足** shízú 부 충분히 | **马褂** mǎguà 명 마고자 | **雏形** chúxíng 명 형태가 고정되기 전의 최초의 형식 | **立领** lìlǐng 명 차이나칼라, 차이나넥 | **一度大为** yídùdàwéi 한때 크게 했다 | **认同** rèntóng 동 동일시하다, 친밀감을 느끼다 | **苏醒** sūxǐng 동 소생하다, 의식을 회복하다 | **寻根** xúngēn 동 사물의 기원을 찾다

PRISON BREAK
CSI:NY
犯罪現場 紐約篇
第一季

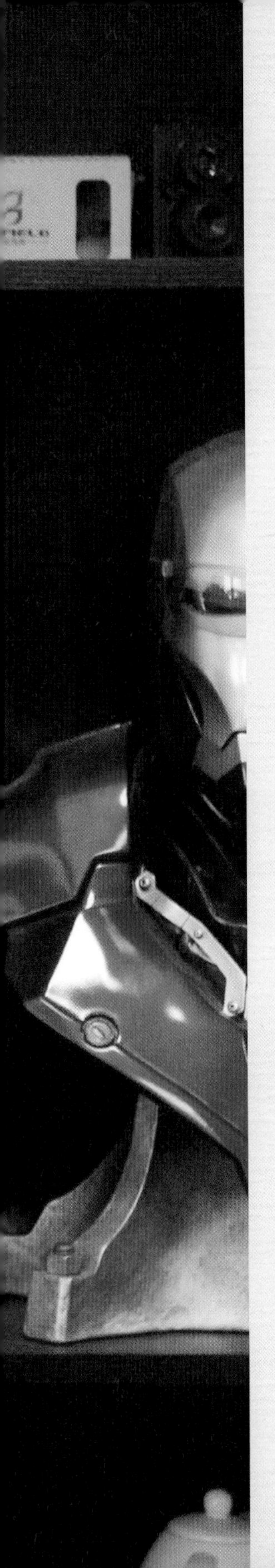

HSK 5级

UNIT 10

UNIT 10

“影痴”刘老师

刘燚，大连理工大学硕士研究生毕业，现在是沈阳一所大学的教师，电影爱好者。人生的角色重在演好自己的剧情，而他却想当人生的导演。

“影痴”刘老师

人生最好的角色，就是演好属于自己的剧情，而一位80后大学教师，却[1]想当自己人生的导演，在自己设计的剧情里自由穿行。他叫刘燚，硕士毕业于大连理工大学，现在在沈阳一所[1]大学当老师。作为一名资深电影爱好者，他看了近万部电影。早年在英国短暂留学期间，他还观看了近百部英文舞台剧。

2012年，刘燚在工作之余开始写微电影剧本，还得了奖。

硕士 shuòshì 명 석사 | **角色** juésè 명 역할, 배역 | **剧情** jùqíng 명 줄거리 | **却** què 부 오히려, 도리어 | **导演** dǎoyǎn 명 감독 | **80后** bālínghòu 80년대 출생자 | **设计** shèjì 동 설계하다 | **穿行** chuānxíng 동 헤치고 나아가다, 지나다니다 | **资深** zīshēn 형 경력과 자격이 풍부하다 | **短暂** duǎnzàn 형 (시간이) 짧다 | **观看** guānkàn 동 보다, 참관하다 | **舞台剧** wǔtáijù 명 무대극

刘燚的电影梦在他小时候就萌芽了。七岁时，他开始喜欢看电影，家里的一台录像机是他的宝贝。上大学以后，他基本每天都看电影，而电影背后的那个“角色”就成了他追求的梦想。刘燚的家里积攒了许多世界经典电影的光盘。

刘燚在大学时就开始写剧本，至今已经撰写微电影剧本20多部，其中10部已经拍摄，而且几乎[2]全部获过奖。有了专业评委的首肯，他更加坚定[2]自己的梦想了。刘燚的工资收入并不高，但他还是攒了两年，花了几万元添置了昂贵的录影设备[3]。

2013年，他兼任制片、编剧、导演、演员等职的作品《夜路》参赛，并获得[3]微电影大赛优秀作品奖，从此他便开始踏上[4]了属于自己的影视制作道路[4]。今年，在辽宁首届微电影大赛中，同样由他任制片、编剧、导演、演员等职的《苹果》获得了最高奖项。

微电影 wēidiànyǐng 웹드라마 | **剧本** jùběn 명 (연극의) 극본, 각본 | **得奖** déjiǎng 동 상을 받다 | **萌芽** méngyá 동 싹트다, 움트다 | **录像机** lùxiàngjī 명 비디오 테이프 리코더 | **追求** zhuīqiú 동 추구하다 | **积攒** jīzǎn 동 조금씩 모으다, 저축하다 | **经典** jīngdiǎn 명 경전, 고전 | **光盘** guāngpán 명 시디(CD) | **撰写** zhuànxiě 동 쓰다 | **拍摄** pāishè 동 촬영하다, 사진을 찍다 | **评委** píngwěi 명 심사위원 | **首肯** shǒukěn 동 수긍하다, 응낙하다 | **坚定** jiāndìng 형 결연하다, 꿋꿋하다 | **攒** zǎn 동 모으다 | **添置** tiānzhì 동 추가 구입하다 | **昂贵** ángguì 형 비싸다 | **录影** lùyǐng 동 촬영하다 | **兼任** jiānrèn 동 겸임하다 | **制片** zhìpiàn 동 (영화 · 드라마를) 제작하다 | **编剧** biānjù 동 각본을 쓰다, 시나리오를 쓰다 | **职** zhí 명 직위 | **优秀** yōuxiù 형 우수하다 | **便** biàn 부 바로, 곧 | **踏上** tàshàng 오르다 | **影视** yǐngshì 명 영화와 텔레비전 | **届** jiè 양 회(回), 기(期), 차(次) | **奖项** jiǎngxiàng 명 상(賞)의 종목

平时，除了正常上班讲课，刘燚满脑子想的都是剧情。多数情况下，家里客厅墙壁上投射的电影，是他每天晚饭后的忠实“朋友”。他也常常因此忽略了刚结婚四年的妻子。不过，妻子非常支持他。为了不影响妻子休息，刘燚在卧室门外摆了一张简易床，有时看电影太晚就睡在卧室外面。

因为过于忙碌，结婚四年多了，他还没要孩子。然而，他又非常喜欢孩子，每当电影里有父亲的角色时，他都主动要求扮演。

2014年10月，刘燚做了一档点评院线电影的网络视频节目《院线风向标》，每周一期，评论和推荐最新上映的院线电影。

因为没有固定的演播室，刘燚就到一些热爱电影的朋友的公司或家里，录制他的影评视频。刘燚是个多面手，《院线风向标》的采集、编辑、播放都由他自己完成。

脑子 nǎozi 명 머리 | **墙壁** qiángbì 명 벽, 담장 | **投射** tóushè 동 투사되다 | **忠实** zhōngshí 형 충실하다 | **忽略** hūlüè 동 소홀히 하다 | **支持** zhīchí 동 지지하다 | **卧室** wòshì 명 침실 | **摆** bǎi 동 놓다 | **简易** jiǎnyì 형 간단하고 쉽다 | **过于** guòyú 부 지나치게 | **忙碌** mánglù 형 바쁘다 | **主动** zhǔdòng 형 능동적이다, 자발적이다 | **扮演** bànyǎn 동 ~의 역을 맡다, 출연하다 | **档** dàng 양 프로그램을 세는 양사 | **点评** diǎnpíng 명 평론 | **院线** yuànxiàn 명 영화 발행 체제 | **风向标** fēngxiàngbiāo 명 풍향계 | **推荐** tuījiàn 동 추천하다 | **上映** shàngyìng 동 (영화를) 상영하다 | **固定** gùdìng 형 고정되다 | **演播室** yǎnbōshì 명 스튜디오(studio) | **录制** lùzhì 동 녹음하다 | **影评** yǐngpíng 명 영화 평론 | **视频** shìpín 명 동영상 | **多面手** duōmiànshǒu 형 다재다능하다 | **采集** cǎijí 명 동 채집(하다), 수집(하다) | **编辑** biānjí 명 편집 | **播放** bōfàng 동 방영하다

有时，刘燚在外拍电影要到后半夜才能结束，但他从没因此耽误过正常的工作和教学。在一次电影拍摄中，刘燚不小心崴伤了脚，他就这样在半个月里一瘸一拐地去给学生上课。

刘燚工作认真，讲课幽默有趣。在他的课堂上，经常能听见一阵阵笑声。在业余时间或周末，刘燚经常参加一些电影讲座和论坛，在沈阳电影圈里小有名气。

为了节约开支，刘燚常去联系一些免费拍电影的场地。几年下来，他的足迹几乎遍布沈阳的各个角落。目前，刘燚正在筹备自己的第一部网络大电影，打算今年开机。同时，他也在构思自己的第一个院线电影剧本。

（本文选编自 http://news.qq.com/original/oneday/2108.html，作者：吴章杰）

后半夜 hòubànyè 명 한밤중 | **耽误** dānwu 동 (시간을) 허비하다, 낭비하다 | **崴** wǎi 동 삐다 | **一瘸一拐** yìqué yìguǎi 절름거리는 모양 | **幽默** yōumò 형 유머러스하다 | **讲座** jiǎngzuò 명 강연, 강좌 | **论坛** lùntán 명 포럼 | **圈** quān 명 범위, ~권, ~계 | **节约** jiéyuē 동 절약하다 | **开支** kāizhī 명 지출 | **场地** chǎngdì 명 장소 | **足迹** zújì 명 족적, 발자취 | **遍布** biànbù 동 도처에 널리 분포하다, 널리 퍼지다 | **角落** jiǎoluò 명 구석, 모퉁이 | **筹备** chóubèi 동 기획하고 준비하다 | **开机** kāijī 동 (영화나 TV 드라마의) 촬영을 시작하다, 크랭크인하다 | **构思** gòusī 명 구상

华语电影三大奖

金鸡奖、金像奖、金马奖一起被称为华语电影三大奖。

金鸡奖是中国大陆电影界最权威、最专业的电影奖，创立于1981年，因当年是中国农历鸡年而得名。金鸡奖由数十位专业评审组成评审团，集中看片投票决定获奖者，所以又被称为“专家奖”。金鸡奖的奖杯是一只伸着脖子的金鸡，意思是以金鸡啼晓鼓励电影工作者闻鸡起舞。金鸡奖设有20个左右奖项，每两年评选一次。

金像奖创立于1982年。金像奖的评审制度与奥斯卡金像奖类似，是由电影人全面主导和参与的电影奖项。金像奖的奖杯是一个手持星球、身围胶片、姿态积极、充满向往感的女

华语 Huáyǔ 명 중국어 | **金鸡奖** Jīnjījiǎng '中国电影金鸡奖(중국영화 금계상)'의 준말 | **金像奖** Jīnxiàngjiǎng '香港电影金像奖(홍콩영화 금상장)'의 준말 | **金马奖** Jīnmǎjiǎng '台湾电影金马奖(대만영화 금마상)'의 준말 | **权威** quánwēi 형 권위적이다 | **创立** chuànglì 동 창립하다 | **得名** démíng 동 명성을 얻다, 이름이 나다 | **评审组** píngshěnzǔ 심사팀 | **集中** jízhōng 동 집중하다 | **投票** tóupiào 동 투표하다 | **奖杯** jiǎngbēi 명 트로피 | **伸** shēn 동 (신체 일부를) 내밀다, 뻗다 | **脖子** bózi 명 목 | **啼晓** tíxiǎo 동 소리 내어 울다 | **鼓励** gǔlì 동 북돋우다, 격려하다 | **起舞** qǐwǔ 동 (기뻐서) 덩실덩실 춤을 추다 | **评选** píngxuǎn 동 심사하여 뽑다, 선정하다 | **奥斯卡** Àosīkǎ 명 아카데미상의 비공식 명칭인 '奥斯卡金像奖'의 약칭 | **类似** lèisì 형 유사하다, 비슷하다 | **主导** zhǔdǎo 동 주도하다 | **持** chí 동 장악하다, 쥐다, 잡다 | **星球** xīngqiú 명 천체 | **胶片** jiāopiàn 명 필름(film) | **姿态** zītài 명 자태, 모습, 태도 | **充满** chōngmǎn 형 충만하다, 가득하다 | **向往** xiàngwǎng 동 동경하다, 지향하다 | **造型** zàoxíng 동 조형하다, 형상화하다

神造型，奖杯名叫“星光荣耀”。每年的金像奖颁奖是中国香港电影界年度最重要的活动，一般在4月中旬举行，设有20余个奖项。

创立于1962年的金马奖是中国台湾地区主办的电影奖项，每年举办一届。金马奖的评选面向所有华语电影和华语电影人，它是华语电影圈中历史最悠久的奖项。金马奖的奖杯是一匹意气风发、腾空跃起的马。

这三大电影奖对华语电影的发展都起着巨大的推动作用，多年来奖励了许多优秀的电影作品和电影工作者。演员周迅和章子怡都曾经凭借自己在电影作品中的出色表演，先后获得过这三项大奖的最佳女主角。

荣耀 róngyào 명 영예, 영광 | **悠久** yōujiǔ 형 유구하다 | **意气风发** yìqìfēngfā 기세가 드높다, 의기가 양양하다 | **腾空跃起** téngkōngyuèqǐ 하늘로 솟아 오르다, 도약하다 | **推动** tuīdòng 동 촉진하다 | **凭借** píngjiè 동 ~을 기반으로 하다, ~에 근거하다

HSK 6级

UNIT 11

UNIT 11

自领双城生活

卢芊羽每天需要搭乘高铁、公交、地铁三种交通工具上班，正是高速、便捷的城际高铁成就了她亲情和事业的两全。

白领双城生活

卢芊羽家住江苏省昆山市，上班在上海市闸北区，两地相距50多公里。搭乘高铁或动车最快的一班仅[1]需19分钟，票价24元，加上在昆山搭乘公交车15分钟，票价2元，在上海搭乘地铁20分钟，票价3元，约1个小时后，卢芊羽便能从[1]昆山家中赶到上海的公司上班。而[2]1个小时的上班路程，对于大多数在上海的上班族来说早已司空见惯。

搭乘 dāchéng 동 (차 · 배 · 비행기 등에) 타다, 탑승하다 | **高铁** gāotiě 명 까오티에, 고속철도 | **便捷** biànjié 형 간편하다 | **成就** chéngjiù 동 완성하다, 이루다 | **亲情** qīnqíng 명 혈육간의 정, 가족애 | **两全** liǎngquán 양쪽 | **江苏** Jiāngsū 지명 장쑤성, 강소성 | **昆山** Kūnshān 지명 쿤산 | **闸北** Zháběi 지명 자베이 | **相距** xiāngjù 명 서로 떨어진 거리 | **动车** dòngchē 명 둥처, 고속열차 | **票价** piàojià 명 표 가격 | **路程** lùchéng 명 노정, 도정 | **上班族** shàngbānzú 명 샐러리맨, 직장인 | **司空见惯** sīkōng jiànguàn 자주 보아서 이상하게 여기지 않다, 흔히 있는 일이다

大学毕业后，卢芊羽从河南老家追随姐姐来到昆山，并跟姐姐住在一起。所不同的是，她没有像[3]姐姐一样在昆山工作，而是把第一份工作的地点选在了自幼向往的上海。也正是从那时起，她往返昆山与上海之间[2]的双城生活正式拉开序幕。

在上海拼搏的几年间，卢芊羽先后[3]从事过电话邮购、化妆品营销等工作。今年年初，她与两位合作伙伴在创业孵化基地创立了一家属于自己的化妆品营销公司，利用微信等手机移动客户端的方式进行化妆品销售。

在公司，得闲的时候，卢芊羽喜欢陪同事领养的两只宠物狗玩耍。中午饭卢芊羽则在公司的食堂解决。

河南 Hénán 지명 허난성, 하남성 | **追随** zhuīsuí 동 뒤쫓아 따르다 | **自幼** zìyòu 부 어려서부터, 어릴 때부터 | **向往** xiàngwǎng 동 동경하다 | **往返** wǎngfǎn 동 왕복하다 | **拉开** lākāi 동 당겨서 열다, 펼치다 | **序幕** xùmù 명 서막, 중대한 일의 시작(발단) | **拼搏** pīnbó 동 맞붙어 싸우다, 필사적으로 싸우다 | **邮购** yóugòu 명 동 통신 구매(하다) | **化妆品** huàzhuāngpǐn 명 화장품 | **营销** yíngxiāo 동 판매하다 | **合作** hézuò 동 협력하다, 합작하다 | **伙伴** huǒbàn 명 동료 | **创业** chuàngyè 동 사업을 시작하다, 창업하다 | **孵化** fūhuà 동 부화하다 | **创立** chuànglì 동 창립하다 | **客户端** kèhùduān 클라이언트 | **销售** xiāoshòu 동 판매하다 | **得闲** déxián 동 틈나다, 한가하다 | **领养** lǐngyǎng 동 부양하다 | **宠物** chǒngwù 명 애완동물, 반려동물 | **玩耍** wánshuǎ 동 놀다, 장난치다

不同于普通火车，卢芊羽乘坐的这趟高铁列车已经实现了高铁运营“公交化”，高铁乘客可以通过[4]刷二代身份证检票进站，免除了换票、取票的麻烦。对短途乘客来说，乘坐高铁列车就如坐公交车一般，极其[4]方便。在上海火车站候车的间隙，卢芊羽与其他年轻人一样，习惯低头看手机。

由于路程不长，高铁速度又快，看看书，玩玩儿手机，卢芊羽很快就从上海回到了昆山。

刚下高铁的卢芊羽马上给姐姐打了一个电话。卢芊羽说：“上海是我事业起航的地方，而昆山是我亲情的寄托，两者都很难割舍。”一张高铁票，维系着她的事业和亲情。

列车 lièchē 명 열차 | **刷** shuā 동 인쇄하다 | **身份证** shēnfènzhèng 명 신분증 | **检票** jiǎnpiào 동 개찰하다 | **免除** miǎnchú 동 면하다 | **短途** duǎntú 형 단거리의, 근거리의 | **火车** huǒchē 명 기차 | **间隙** jiànxì 명 틈, 사이, 겨를 | **起航** qǐháng 동 출항하다 | **寄托** jìtuō 동 부탁하다, 맡기다 | **割舍** gēshě 동 내버리다, 포기하다 | **维系** wéixì 동 유지하다

在昆山，跟姐姐在一起的生活让卢芊羽觉得舒服而惬意，陪姐姐和孩子们在小区内散步，辅导外甥女学习，跟姐姐一起敷面膜、聊天儿，这些都是卢芊羽十分享受的家庭生活。

今年，卢芊羽的姐姐和姐夫在昆山买了新房，卢芊羽在新房的窗户前眺望整个昆山，展望美好的未来。

（本文选编自 http://news.qq.com/original/oneday/1753.html，作者：赖鑫琳）

惬意 qièyì 동 만족하다, 흐뭇하다 | **外甥女** wàishengnǚ 명 조카 | **敷** fū 동 바르다 | **面膜** miànmó 명 마사지 팩 | **姐夫** jiěfu 명 누나(언니)의 남편, 자형, 형부 | **眺望** tiàowàng 동 (높은 곳에 올라) 멀리 바라보다, 조망하다 | **展望** zhǎnwàng 동 전망하다 | **美好** měihǎo 형 좋다, 훌륭하다

中国人的出行方式

在中国，每个时代都有与当时的社会生产力相适应的交通出行方式。不同时代主要交通工具的变化反映出了社会的发展和人民生活的富足。

自行车是上个世纪五十到七十年代中国最重要的交通工具，也是那个时代中国社会的一个符号。在上个世纪八十年代，摩托车逐渐成为一种新型的交通工具。从上个世纪九十年代初到现在，由于城市交通和汽车工业的发展，越来越多的人开始开车出行，私家车的数量以惊人的速度增长。每到周末和节假日，越来越多的人愿意开着私家

出行 chūxíng 동 외출하다 | **反映** fǎnyìng 동 반영하다 | **富足** fùzú 형 풍족하다, 넉넉하다 | **符号** fúhào 명 부호, 기호 | **摩托车** mótuōchē 명 오토바이 | **私家车** sījiāchē 명 자가용 | **惊人** jīngrén 형 사람을 놀라게 하다

车和家人一起出门旅行。对于没有买车能力的年轻人来说，步行、骑自行车、坐公交车、坐地铁、打车，这些都是或健康或便捷的出行方式。

像上文中的主人公那样工作在大城市、生活在大城市周边的年轻人正在逐渐增多，城际高铁是他们的不二选择。

便捷 biànjié 형 간편하다 | **增多** zēngduō 동 많아지다, 증가하다 | **不二选择** búèr xuǎnzé 선택할 수 없다, 필수이다

HSK 6级

UNIT 12

UNIT 12

古城“老顽童”

李庆元老先生今年75岁了。他每天和朋友们一起吹拉弹唱，还自学了摄影和电脑后期制作，大家都叫他“老顽童”。

古城“老顽童”

75岁的李庆元老先生现在比[1]上班族还忙。半个多世纪前他是部队文工团弹三弦的文艺兵，现在他是活跃[1]在山东省青州市古城里的一位“老顽童”。他说累了大半辈子，人到夕阳突然“活明白了”，余生要玩儿得充实，玩儿得快乐，玩儿得有意义。

吹拉弹唱 chuīlā tánchàng 악기를 불다(치다, 뜯다, 켜다), 온갖 기예에 능하다 | **摄影** shèyǐng 동 촬영하다 | **老顽童** lǎowántóng 키덜트 | **上班族** shàngbānzú 명 샐러리맨, 직장인 | **部队** bùduì 명 부대 | **文工团** wéngōngtuán 문화 선전 공작단의 준말 | **三弦** sānxián 명 삼현금 | **文艺兵** wényìbīng 문예병사, 연예병사 | **活跃** huóyuè 형 활기차다, 활약하다 | **半辈子** bànbèizi 명 반평생 | **夕阳** xīyáng 명 노년, 만년 | **余生** yúshēng 명 여생 | **充实** chōngshí 형 충실하다

早晨六点，李庆元准时起床，一番洗漱之后，他开始了每天的“早课”：穿上大褂，对着镜子练习说相声。他希望曾经的文艺底子能给自己增加[2]几分自信。

李庆元年轻时当文艺兵学的是弹拨乐器，主要是三弦。去年，他又悄悄[3]添置了二胡等弓弦乐器。经过大半年每天早上一小时的苦练，李庆元现在已经拉得有模有样了，他说：“不仅仅是声音，我得练得一招一式都接近专业。”

老伴儿跟儿子住在农村，平时李庆元一个人住在城里。当年部队生活给了他超强的生活能力，他活得自由自在、有滋有味儿。这是他每天的早餐：一只海参、三个从山里买来的鸡蛋、一个馒头、半个猪蹄，还有儿女们送来的新鲜螃蟹。

洗漱 xǐshù 동 세수하고 양치질하다 | **大褂** dàguà 명 두루마기, 가운 | **相声** xiàngsheng 명 만담, 재담 [설창 문예의 일종] | **底子** dǐzi 명 기초 | **弹拨乐器** tánbō yuèqì 명 (줄을 뜯어서 소리를 내는) 현악기 | **悄悄** qiāoqiāo 부 조용히, 살며시 | **添置** tiānzhì 동 추가 구입하다 | **弓弦** gōngxián 명 활줄 | **苦练** kǔliàn 동 꾸준히(열심히) 연습하다 | **有模有样** yǒumú yǒuyàng 그럴듯하다 | **一招一式** yìzhāo yíshì 한 동작 한 자세 | **接近** jiējìn 동 다가서다, 근접하다 | **自由自在** zìyóu zìzài 자유자재하다 | **有滋有味** yǒuzī yǒuwèi 생활이 즐겁다 | **海参** hǎishēn 명 해삼 | **猪蹄** zhūtí 명 족발 | **螃蟹** pángxiè 명 게

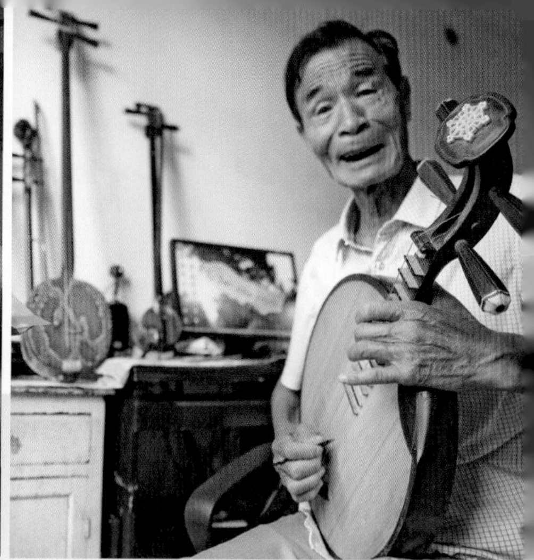

八点半，李庆元骑自行车去“上班”。从家到他“上班”的明清古街骑车只要15分钟。没人想到，这个虎虎生风的老先生早已年过古稀，快奔八十了。

为了营造古街气氛，当地从民间请来几十位艺人，每天上午、下午各两个小时在此进行捏面人儿、唱戏等表演。李庆元就是其中年龄最大的一位。

他每天在这条古街上呆四个多小时，与伙伴们一起吹拉弹唱。对于这位“老顽童”来说，这不是一份工作，而是一种玩儿法，一种生活方式。

李庆元当过教师，平时喜欢写点儿东西。说唱组的五个成员前几天请他帮着写段快板书，他花了几个晚上创作出长达几百句的《山里大嫂逛古城》，获得了大家的一致好评。

明清 Míng Qīng 고유 명 · 청나라 | **古街** gǔjiē 명 옛 거리 | **虎虎生风** hǔhǔ shēngfēng 활력과 생기가 넘쳐나다 | **古稀** gǔxī 명 고희, 70세 | **奔** bèn 동 나이가 가까워지다 | **营造** yíngzào 동 조성하다 | **气氛** qìfēn 명 분위기 | **艺人** yìrén 명 예술인 | **捏面人儿** niēmiànrénr 물들인 밀가루를 반죽하여 여러 가지 인물이나 동물의 형상을 빚는 중국의 전통 민속 공예 | **快板书** kuàibǎnshū 악기를 치며 간혹 대사를 섞어 노래하는 중국 민간 예능의 한 가지 | **创作** chuàngzuò 동 창작하다 | **一致** yízhì 형 일치하다 | **好评** hǎopíng 명 좋은 평판, 호평

中午时分，李庆元请几个老伙伴到古街上一家很有名的餐厅“开荤”。他自称比同龄人会生活，舍得花钱。

平时在家吃完饭后，李庆元会休息一个小时[2]。今天享受完鱼锅他没有回家，而是去古街的树阴下与朋友们楚河汉界较量了一番。

喝着大碗儿茶，跟游人聊聊天儿，谈谈古城的今昔，对李庆元来说，也是个乐子。

时分 shífēn 명 무렵, 때, 철 | **开荤** kāihūn 동 (불교 신도 등 종교인이 계율에 의해 채식 기간이 지나) 육식을 시작하다 | **自称** zìchēng 동 스스로 자신을 칭찬하다 | **同龄人** tónglíngrén 명 동년배, 동갑 | **舍得** shěde 동 아까워하지 않다, 인색하지 하다 | **树阴** shùyīn 명 나무 그늘 | **楚河汉界** Chǔhé Hànjiè 초와 한의 경계, 서로 적대시하는 쌍방 [장기를 일컫음] | **较量** jiàoliàng 동 겨루다, 대결하다 | **番** fān 양 번, 차례 | **大碗儿茶** dàwǎnrchá 명 큰 사발차 | **游人** yóurén 명 관광객, 여행객 | **今昔** jīnxī 명 현재와 과거, 지금과 이전 | **乐子** lèzi 명 즐거움

李庆元很爱“面子”，隔三岔五就要请古街口的剃头匠给刮刮脸，他说必须把自己最精神的一面展示给别人。

李庆元不久前买了一部摄像机，自学拍摄及视频制作技术。他给自己制订了一个年度计划：他要把他跟伙伴们演奏的曲目和家乡的历史文化美景都拍摄、记录下来[3]，制作成电视片，留给后人。

视频的编辑、制作、配音、加字幕，都是李庆元一个人边学边完成的，虽然慢，但[4]他乐在其中。每次拍摄的内容制作完成后，他都会制作一批光盘，送给被拍摄者和朋友，他说这叫“分享快乐”。一份快乐与大家分享，就成了一片欢乐。

面子 miànzi 명 면목, 체면 | **隔三岔五** gésānchàwǔ 수일(数日)마다, 자주 | **剃头匠** tìtóujiàng 명 이발사 | **部** bù 양 편 [영화를 세는 양사] | **摄像机** shèxiàngjī 명 비디오 카메라 | **自学** zìxué 명동 독학(하다) | **拍摄** pāishè 동 촬영하다, 사진을 찍다 | **制订** zhìdìng 동 창안하다, 만들어 정하다 | **曲目** qǔmù 명 곡목, (희곡 · 노래 · 음악 작품 등의) 제목 | **美景** měijǐng 명 아름다운 경치 | **电视片** diànshìpiàn 명 텔레비전 영화 | **后人** hòurén 명 자손 | **配音** pèiyīn 동 (외국 영화나 텔레비전 따위에) 음악 · 대사 등을 넣다, 더빙(dubbing)하다 | **字幕** zìmù 명 자막 | **光盘** guāngpán 명 시디(CD)

下午“下班”后，李庆元骑车来到南阳河边的城市公园，这里自发形成[4]了多个吹拉弹唱的票友圈子。

晚饭过后，票友们相约在这儿，自拉自唱、自娱自乐。他们会注意控制音量，避免影响市民休息。而不少市民也很认可这种雅致的文化娱乐方式。

（本文选编自 http://news.qq.com/original/oneday/1717.html，作者：施哲莹，施晓亮）

票友 piàoyǒu 명 아마추어 중국 전통극 배우, 중국 전통극 동호인 | **圈子** quānzi 명 범위, 테두리 | **相约** xiāngyuē 동 (서로) 약속하다 | **自娱自乐** zìyú zìlè 스스로 즐기다 | **控制** kòngzhì 동 제어하다, 통제하다 | **音量** yīnliàng 명 음량 | **避免** bìmiǎn 동 피하다, 모면하다 | **雅致** yǎzhì 형 (의복 · 기물 · 건물 따위가) 품위가 있다, 고상하다

中国民乐

中国传统乐器种类繁多，主要可以分为吹奏类、弓弦类、弹拨类和打击类等四大类。吹奏乐器有笛子等，弓弦乐器有二胡等，弹拨乐器有古筝、琵琶等，打击乐器有锣、鼓等。

中国的少数民族大都能歌善舞，拥有本民族独特的乐器。生长于草原地区的蒙古族喜爱马头琴，这是一种弓弦乐器，琴柱上一般都刻有一个马头作为装饰。哈萨克族的弹拨乐器冬不拉及傣族的吹奏乐器葫芦丝也都是各具特色的民族乐器。

中国民族音乐是指用中国传统乐器以独奏、合奏等形式演奏的音乐。中国民族音乐具有浓厚的民族特色，这主要来源于中国乐器所具有的独特音色及演奏风格。

繁多 fánduō 형 많다, 풍부하다 | **吹奏** chuīzòu 동 취주하다, 불어서 연주하다 | **打击** dǎjī 동 치다, 때리다 | **笛子** dízi 명 피리 | **二胡** èrhú 명 이호 [호금(胡琴)의 일종으로, 현이 둘이고 음이 낮은 악기] | **古筝** gǔzhēng 명 고쟁 | **琵琶** pípá 명 비파 [현악기의 일종] | **锣** luó 명 징 | **鼓** gǔ 명 북 | **能歌善舞** nénggē shànwǔ 노래도 잘하고 춤도 잘 춘다 | **拥有** yōngyǒu 동 소유하다, 가지다 | **刻** kè 동 새기다 | **马头** mǎtóu 명 말의 머리 | **装饰** zhuāngshì 명 장식, 인테리어 | **哈萨克族** Hāsàkèzú 카자흐족 | **冬不拉** dōngbùlā 명 돔부라(dombra) [카자흐족의 현악기] | **傣族** Dǎizú 명 태족 [중국 윈난성에 거주하는 소수민족] | **葫芦丝** húlusī 후루쓰 | **独奏** dúzòu 명 독주 | **合奏** hézòu 명 합주 | **浓厚** nónghòu 형 (색채 · 의식 · 분위기 따위가) 농후하다, 강하다 | **来源于** láiyuányú (사물이) ~에서 기원하다

千百年来，中国音乐家创作了许多优秀的民族音乐曲目，如笛子曲《鹧鸪飞》、二胡曲《二泉映月》、古筝曲《渔舟唱晚》、琵琶曲《十面埋伏》、合奏曲《春江花月夜》等。

中国民乐都比较追求意境，听众在欣赏时常常可以感受到乐曲所表达的各种场景。

很多中国人表示，对当今快节奏的现代都市生活来说，欣赏民族音乐是一种享受，能让人领略到自然质朴的美，唤回内心的平静。

鹧鸪 zhègū 명 자고 | **意境** yìjìng 명 (문학 · 예술작품에 표현된) 경지, 정취, 정서 | **表达** biǎodá 동 나타내다, 표현하다 | **领略** lǐnglüè 동 (체험 · 관찰 · 시험 등을 통해 감성적으로) 이해하다, 깨닫다 | **质朴** zhìpǔ 형 소박하다 | **唤回** huànhuí 동 불러 돌이키다 | **平静** píngjìng 형 평온하다

현대 중국인의 **생활 이야기**를
직접 보고, 읽고, 이해하는 **리얼 독해 교재!**

☑ **공자학원본부와 국가한판이 공동 개발**하여 **HSK 독해에 최적화된 실용적인 교재!**
☑ **다양한 주인공의 실제 생활**을 들여다보며 중국 사회를 이해할 수 있다!
☑ **사진과 함께 생생한 독해**가 가능한 독해집으로 원어민처럼 독해한다!
☑ **해석과 문법, 어휘 등 주옥 같은 설명이 가득**한 해설집으로 꼼꼼하게 학습한다!
☑ 문화 링크와 팁으로 **현대 중국을 그대로 받아들일 수 있는 리얼한 교재!**

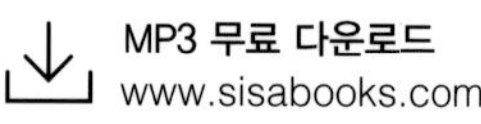

孔子学院总部/国家汉办
Confucius Institute Headquarters (Hanban)

腾讯图片
PP.QQ.com

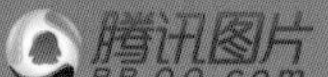

外语教学与研究出版社
《中国人的生活故事》

中国人의 生活 이야기로 읽어보는

중국어 REAL 독해 1

孔子学院总部 / 国家汉办 编 | 진윤영 편역

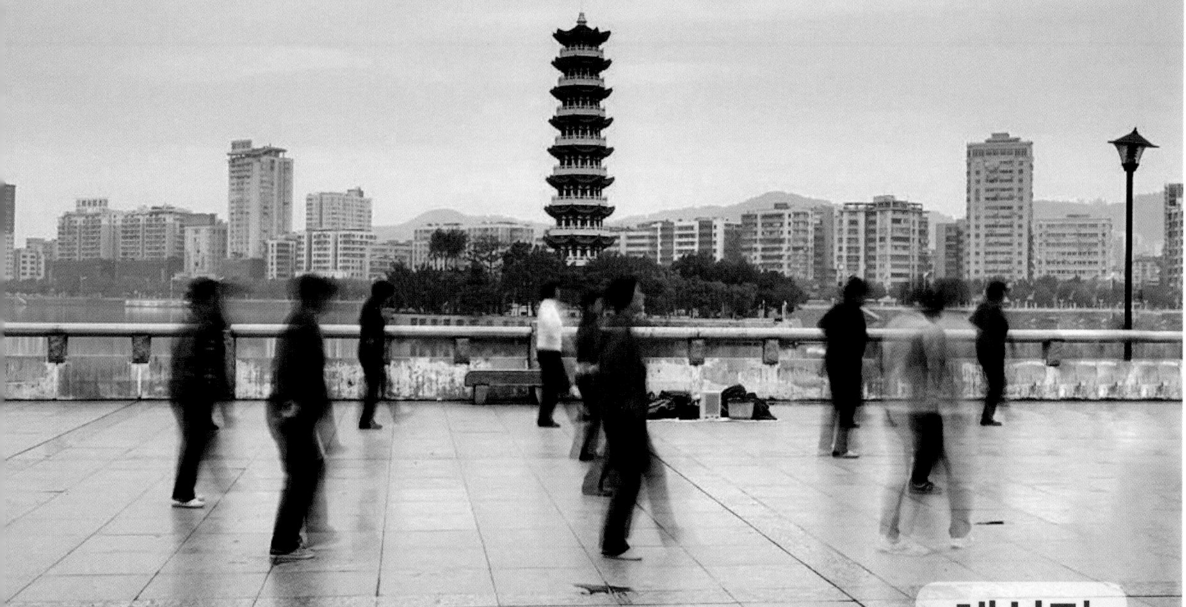

해설집

시사중국어사

中国人의 生活 이야기로 읽어보는

중국어 REAL 독해 ❶

해설집

시사중국어사

차 례

UNIT

01

家里多了个妹妹

여동생이 생겼어요

학습 내용

• 2008년, 위안예와 삐예사이에 첫 아이인 미두어가 태어났고, 2014년 34세가 된 위안예와 아내는 그들의 두 번째 딸아이를 맞이하게 되었습니다.

학습 목표

• 중국의 산아제한정책 및 그에 따른 가족구성원의 변화 과정을 알아봅니다.

여동생이 생겼어요

2014년 10월 16일, 지방으로 출장을 간 위안예(袁野)는 일찍 일어나 서둘러 선양(沈阳)으로 돌아와 병원으로 가서 출산이 가까워진 아내를 돌봤습니다. 34세의 위안예와 아내 삐예(毕野)는 이름도 비슷하고 동갑입니다. 위안예는 친형이 있고, 아내 삐예는 외동딸입니다. 2008년 부부의 첫 아이인 위안즈신(袁梓馨: 아이 때 이름은 '미두어(米多)')이 태어났고, 2014년 둘째 딸 미르어(米乐) 출산은 원래 한 집에 세 식구인 가족 구성을 바꿔놓았습니다.

삐예는 외동딸이어서 자신의 아이에게 형제자매와 함께 자라는 환경을 마련해 주고 싶었습니다.

2013년 중국은 새로운 정책을 내놓았는데, 산아제한정책(计划生育)이라는 기본 국책을 유지하면서 부부 한 쪽이 외동인 경우 두 명의 아이를 출산할 수 있는 정책을 실시하였고, 이것은 점진적으로 출산정책을 조정하고 개선시켜 인구의 장기적인 균형발전을 촉진시켰습니다.

2014년 4월 10일, 위안예 부부는 인구 및 산아제한정책 부처에서 둘째 아이의 출생신고를 마쳤습니다.

중국은 20세기 80년대 부부 한 쌍당 한 자녀만 출산할 수 있는 산아제한정책을 실시한 이래로 어른 두 명과 아이 하나가 점차 가장 흔한 가족 구성이었지만, 최근 산아제한정책이 풀리면서 이런 핵가족의 구성 역시 점차 변화하고 있습니다.

여동생이 태어날 때, 어린 미두어는 마치 작은 어른인 것 마냥, 아빠의 뒤를 따라 유모차 미는 것을 도왔습니다.

언니인 미두어는 "여동생은 포동포동하고 굉장히 무거워요."라고 말했고, 엄마는 "아이가 건강하게 성장했으면 좋겠어요. 비록 조금 힘들어도, 잘 한 것 같아요."라고 하였습니다.

"자매가 있어서 애가 커서 외롭지 않을 것 같아요."라고 아빠가 말했고, "국가의 새 정책에 발 맞추니, 외손녀가 한 명 늘었네요."라고 외할머니가 말씀하셨습니다.

미두어는 가끔씩 여동생을 안고 싶어합니다. 여동생 미르어가 잠들었는데도 미두어는 계속 여동생과 놀고 싶어합니다.

미르어는 엄마의 품에서 쌔근쌔근 자고 있고, 엄마는 딸의 작은 발을 부드럽게 만지고 있습니다.

위안즈신이 그린 그림에는 외할머니, 외할아버지, 엄마, 아빠 그리고 자신이 있는데, 이러한 가족 구성원에 변화가 발생하고 있습니다.

산아제한정책이 풀린 후, 부부 한 쌍당 한 자녀인 외동아이의 시대는 역사로 남을 것이고, 한 자녀 부모의 영예증서•도 역사의 뒤편으로 사라질 것입니다.

• **独生子女父母光荣证**(한 자녀 부모 영예증서)
국가가 평생 자녀 한 명만 키우겠다고 자원적으로 나선 부모에게 주는 영예증서이다. 이 증서를 받은 부부는 규정에 따라 한 자녀 부모의 혜택을 누릴 수 있다.

1 作为 ~(으)로서

전치사 '作为'는 '~(으)로서'라는 뜻으로 사람의 신분 혹은 사물의 성질을 이끌어낼 때 사용된다.

作为独生子女，毕野想要给孩子提供一个有兄弟姐妹伴的成长环境。

~으로서 ~에게 ~한 환경을 제공하다

▶ 作为一个成功的企业家，怎么可以轻言放弃?
성공한 기업가로서, 어떻게 경솔하게 포기한다고 할 수 있는 거죠?

▶ 从色彩心理学的角度考虑，蓝色作为咖啡色的互补色会让咖啡颜色看起来更深。
색상 심리학의 각도에서 고려하면 파란색은 커피색의 보색으로서, 커피색을 더욱 진하게 보이게 한다.

2 自…以来 ~한 이래로

'自…以来'는 '~한 이래로'라는 뜻으로 어떤 시간의 기점을 나타낸다.

中国自20世纪80年代实施提倡一对夫妻生育一个孩子的……政策以来，

~정책을 실시하다 ~한 이래로 아이를 낳고 기르다

▶ 武汉长江大桥自1957年10月建成以来，一直都是武汉市的标志性建筑。
우한 창장대교는 1957년 10월 건설된 이래로, 줄곧 우한시의 상징적인 건축물이다.

▶ 郑板桥自开画室以来，兰、竹、菊等样样都画，却唯独不画梅花。
정반차오는 화실을 연 이래로 난, 대나무, 국화 등은 모두 다 그렸지만, 오히려 유일하게 매화는 그리지 않았다.

轻言 qīngyán 경솔하게 말하다 | **放弃** fàngqì 동 포기하다 | **色彩** sècǎi 명 색채, 색깔 | **角度** jiǎodù 명 각도 | **考虑** kǎolǜ 동 고려하다 | **互补色** hùbǔsè 보색 | **建成** jiànchéng 동 건설하다, 준공하다 | **标志** biāozhì 명 상징, 표지 | **建筑物** jiànzhùwù 명 건축물 | **兰** lán 명 난 | **竹** zhú 명 대나무 | **菊** jú 명 국화 | **唯独** wéidú 부 유독, 단지 | **梅花** méihuā 명 매화

3 逐渐 점점, 점차

부사 '逐渐'은 '점점, 점차'라는 의미로 사물 자체가 자연적으로 변화함을 나타낸다.

两个大人一个小孩逐渐成为了最常见的家庭组合。

점점, 점차　　~으로 되다

▶ 城市休闲地方逐渐变少。
도시의 휴식 공간이 점차 적어진다.

▶ 近年来，股票逐渐成为人们投资的一种重要方式。
최근 들어, 주식은 점차 사람들이 투자하는 중요한 방식이 되었다.

4 似的 ~와 같다, ~와 비슷하다

'似的'는 조사로 문장 끝에 쓰여, 어떤 사물과 상황이 서로 비슷함을 나타낸다. 주로 '像 xiàng(마치)', '好像 hǎoxiàng(마치)'과 함께 자주 사용되며, '般的 bān de'도 같은 의미를 나타낸다.

小米多像是个小大人儿似的，跟在爸爸身后，帮着推婴儿车。

마치 ~와 같다　　~의 뒤를 따라가다　　~한 상태다[동작의 지속]

▶ 天好像要下雨了似的。
날이 아무래도 비가 올 것 같다.

▶ 她表现出好像她已经当选了似的。
그녀는 자신이 이미 당선된 것처럼 행동했다.

休闲 xiūxián 형 한가하다, 여가활동을 하다 | **股票** gǔpiào 명 주식 | **投资** tóuzī 동 투자하다 | **方式** fāngshì 명 방식 | **表现** biǎoxiàn 동 보여주다, 나타내다 | **当选** dāngxuǎn 동 당선하다

1 原来 VS 本来

	原来 yuánlái 명 부 원래, 본래 / 형 원래의, 본래의	本来 běnlái 명 부 원래, 본래 / 형 원래의, 본래의
공통점	① 모두 부사의 용법으로 사용할 수 있고, 동작이 발생한 시간이 이전이었음을 나타내며 이전의 상황과 대비를 이룸을 나타낸다. 예 他们原来(本来)不认识，是上次旅行的时候认识的。 그들은 원래(본래) 서로 몰랐는데, 저번 여행 때 알게 된 것이다. ② 모두 형용사로 쓰일 수 있으며 그 의미는 '이전의', '이전부터 있던'이라는 뜻을 나타낸다. 예 听听我的建议后，他改变了自己原来(本来)的看法。 나의 제안을 들은 후 그는 자신의 원래(본래) 생각을 바꿨다.	
차이점	'이전에 모르던 상황을 발견했다'는 의미로 '알고 보니'라는 뜻을 가지고 있다. 예 原来那是个假消息。 알고 보니 그것은 가짜 소식이었다.	'(이치상) 당연히 이래야 한다'라는 의미를 나타낸다. 예 你们本来就应该按时完成这个任务的。 당신들은 원래 이 임무를 제때 마쳤어야 했다.

2 逐步 VS 逐渐

	逐步 zhúbù 부 한 걸음 한 걸음, 차츰차츰	逐渐 zhújiàn 부 점차, 차츰차츰
공통점	모두 부사로 정도 혹은 수량이 시간에 따라서 천천히 증가하거나 감소함을 나타낸다.	
차이점	변화가 단계적으로 나타남을 의미하며, 대부분 사람의 계획적인 노력이나 의식적인 동작을 나타내는 데 사용된다. [의식적이고 단계가 있는 변화에 씀] 예 滑冰运动随着社会的进步，逐步发展为滑冰游戏，最后形成了现代的速滑运动。 스케이트 운동은 사회의 발전에 따라 점차 스케이트 게임으로 발전하였고, 결국 현대의 스피드 스케이트 운동이 되었다.	사물의 변화에 주로 쓰이며, 사물 자체가 자연적으로 변화함을 나타낸다. [명백한 단계적 변화가 없고 자연적이고 느린 변화에 씀] 예 目前，自行车正在从传统的代步工具逐渐向运动型和休闲型工具转变。 현재, 자전거는 전통적으로 걸음을 대신하는 수단에서 점차 운동 형식과 여가 형식의 도구로 변화하고 있다.

建议 jiànyì 명 건의, 제안 | **消息** xiāoxi 명 소식 | **按时** ànshí 부 제때에 | **任务** rènwu 명 임무 | **滑冰** huábīng 명 스케이팅 동 스케이트를 타다 | **随着** suízhe ~에 따라 | **游戏** yóuxì 명 오락, 게임 | **速滑** sùhuá 스피드 스케이트 | **代步** dàibù 동 걸음을 대신하다 | **转变** zhuǎnbiàn 동 바뀌다

3 调整 VS 调节

	调整 tiáozhěng 명 동 조정(하다), 조절(하다)	**调节** tiáojié 명 동 조정(하다), 조절(하다)
공통점	모두 '요구에 적합하도록 조정하다'라는 의미를 가지고 있다.	
차이점	원래의 불합리하고 균형이 맞지 않으며 혼란한 상황을 목적에 맞게 다시 안배하는 것을 가리킨다. 예 紧张时应如何调整自己? 긴장할 때 어떻게 자신을 추슬러야 할까요?	수량과 정도 등에 변화를 주는 것을 나타낸다. 예 这家餐厅的温度调节得比较合适。 이 식당의 온도는 비교적 알맞게 조절되어 있다.
搭配	…**经济**(경제), …**计划**(계획), …**政策**(정책), …**时间**(시간), …**速度**(속도), …**结构**(구조), …**人员**(인원)	…**温度**(온도), …**气候**(기후), …**功能**(기능), …**流量**(통과수량), …**心态**(마음가짐)

4 完善 VS 完美

	完善 wánshàn 형 완전하다, 완벽하다 동 완벽하게 하다	**完美** wánměi 형 완전하여 결함이 없다
공통점	모두 '완벽하다, 결점이 없다'라는 뜻을 가지고 있다.	
차이점	① 형용사로 쓰일 때, '완전히 갖추어져 부족한 것이 없다'라는 뜻이다. 예 现在不少企业的管理制度不太完善。 현재 적지 않은 기업의 관리제도가 그다지 완벽하지 않다.	① '훌륭하고 결점이 없다'는 것을 강조한다. 예 好的表演只有同时配上好的声音才能完美。 좋은 연기는 동시에 좋은 목소리가 받쳐줘야지만 완벽할 수 있다.
	② 동사로도 쓰일 수 있으며 그 의미는 '~을 완벽하게 하다'이다. 예 小区正在逐步完善健身设施。 아파트 단지는 점차 운동설비를 완벽하게 만들고 있다.	② 동사의 용법이 없다.
搭配	**制度**(제도)…, **设备**(설비)…, **计划**(계획)…, **管理**(관리)…	**追求**(추구)…, …**无缺**(무결), …**结合**(결합), …**的结局**(~한 결과), …**的形象**(~한 형상), …**的家庭**(~한 가정), …**的包装**(~한 포장)

企业 qǐyè 명 기업 | **管理** guǎnlǐ 동 관리하다, 맡다 | **表演** biǎoyǎn 동 공연하다 | **配** pèi 동 받쳐주다 | **设备** shèbèi 명 설비, 시설 | **紧张** jǐnzhāng 형 긴장되다 | **如何** rúhé 대 어떻게 | **温度** wēndù 명 온도 | **合适** héshì 형 적당하다, 알맞다

중국의 산아제한정책

20세기 50~60년대, 중국 정부는 "국민이 많아야 국력이 강하다(人多力量大)"라고 주장했고, 국민들도 자녀가 많으면 다복하다고 생각하여 인구가 빠르게 증가했습니다. 그 후로 중국은 점차 산아제한정책을 기본 국책으로 하여 인구증가를 제한, 통제하기 시작했습니다.

20세기 70년대부터 "한 명은 적지 않고, 두 명이 딱 좋으며, 세 명은 많다(一个不少，两个正好，三个多了)"라고 제창했고, 80년대 이르러서는 부부 한 쌍당 한 자녀만 출산할 수 있는 정책을 제창했습니다. 2013년부터는 부부 한 쪽이 한 자녀인 경우, 아이를 두 명 낳아 키울 수 있는 독자적 두 자녀 정책을 실시하였고, 2015년에 이르러서는 부부 한 쌍당 자녀 둘을 낳아 키울 수 있는 두 자녀 정책을 전면적으로 실시하며, 중국의 출산 정책은 끊임없이 변화하고 개선되고 있습니다.

현재 중국에는 15~30살의 한 자녀 수가 매우 많습니다. 두 자녀 정책을 전면적으로 실행하는 것은 중국이 30여 년간 실시한 한 자녀 정책에 종지부를 찍는다는 것을 의미합니다. 몇십 년 사이, 중국의 가족 구조는 전통적인 대가족으로부터 '421가족(조부모와 외조부모 4명, 부부 둘, 한 자녀)'으로 변화했습니다. 중국 한 자녀 세대는 나약하고 이기적이며, 자기중심적이라는 비난을 받았습니다.

현재 30세가 되어가는 이들은 결혼과 출산, 부모 봉양의 책임을 모두 떠맡고 있습니다. 바쁜 업무와 막중한 스트레스 등의 원인으로 많은 한 자녀 부모들은 자신의 아이를 부모님에게 맡기는 '세대를 건너 뛴 부양' 현상이 매우 보편적입니다. 게다가 나이가 들어가는 부모를 보며 많은 한 자녀들은 부모의 양로 문제 부담이 힘들다며 탄식하고 있습니다!

최근, 중국의 출생률 하락은 생각지도 못한 문제들, 예를 들어 노인수의 부단한 증가와 남녀비례 균형이 깨지는 등의 문제들을 야기했습니다. 이러한 문제에 대응하기 위해 산아제한정책은 점차 느슨해졌고, 새로운 정책들이 연이어 등장하고 있습니다. 그러나 아이를 키우는 경제적 부담과 과도한 업무 스트레스, 신체적 조건의 제한 등 갖가지 원인으로 인해 지금까지 두 자녀 출산을 신청하는 사람은 예상만큼 그렇게 많지 않다고 합니다.

다음 QR코드를 스캔해서 드라마 《二胎时代(둘째시대)》에 대해 알아보고 예고편을 시청해 보세요.

드라마 《二胎时代》

줄거리

85년생인 주인공 진찬찬은 명문대를 졸업하고 결혼한 후, 집에서 4년 동안 딸을 키우게 됩니다. 모성애가 넘치는 주인공은 둘째를 갖길 원하여 시부모의 지원 아래 둘째를 낳겠다는 계획을 하게 됩니다. 그러나 친정엄마의 반대에 부딪히게 되고, 게다가 주인공 부부의 수입 상황으로는 둘째 아이를 키울 여력이 되지 않음을 깨닫고 첫째 아이를 유치원에 보내고 복직하려고 할 때 자신이 둘째를 임신했다는 것을 알게 됩니다. 주인공과 남편은 둘째 아이 때문에 직업도 바꾸고, 분유 값을 벌겠다고 열심히 노력하지만 둘째 아이 산전 검사, 내집 마련 문제 등의 난관에 부딪히게 됩니다. 둘째가 태어난 후 갈등은 더욱 심해지지만 결국 곤경 속에서 난관을 헤쳐가며, 성숙하게 됩니다.

드라마가 반영하는 내용

이 드라마는 '둘째'라는 민감한 주제로 둘째 아이를 낳고 키우는 현실적인 문제를 다루었습니다. 주인공은 대학까지 졸업한 인재지만 결국 아이 때문에 '아이의 노예'가 되는, 현대사회에서 둘째 아이를 키우는 엄마의 현실적인 모습을 그려냈고, 2015년부터 시행된 두 자녀 출산정책의 실시가 두 아이를 키우는 데 어떠한 어려움이 있는지, 둘째 아이를 준비하는 예비부모에게 어떻게 '둘째 아이 육아 전쟁'을 준비해야 하는지를 보여주었습니다.

중국의 산아제한정책의 변화

- 1950년대: 중국 학자가 인구 문제 제기 및 통제 이론 제시
- 1970년대: 산아제한정책 도입
- 1980년 9월: "한 자녀만 낳자"라는 의견이 제시되며 공산당원부터 의무적으로 실시
- 1982년 9월: 산아제한정책을 기본 국책으로 지정
- 1984년: 농어촌 지역 주민의 첫째가 딸일 경우 한 명 더 낳는 것을 허용
- 2001년: 중화인민공화국 인구 및 산아제한법 실시
- 2013년: 한 자녀 가정에서 자란 사람에 한하여 결혼 후 아이를 2명 낳을 수 있게 허용
- 2016년 1월: 모든 가정에서 두 자녀 허용

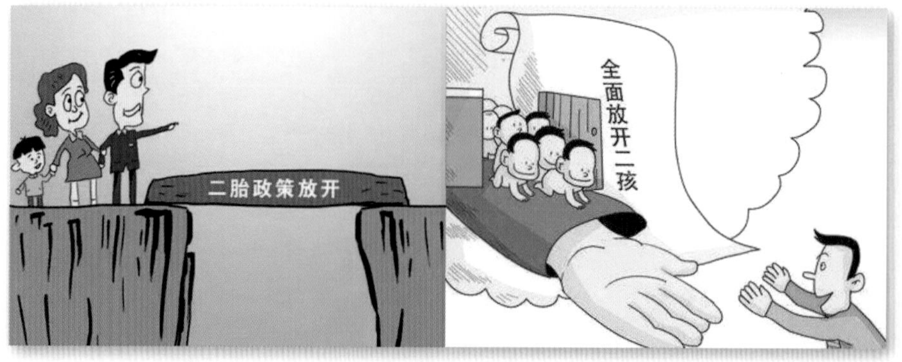

UNIT

02

"猫咪控"

'고양이 덕후'

학습 내용

• 74세의 퇴직 교사인 저우 아저씨는 영락없는 '고양이 덕후'입니다. 8년간 아저씨는 매일 길고양이들에게 밥을 주면서 고양이들과의 소소한 추억을 기록하고 있습니다.

학습 목표

• 고양이들에게 따뜻한 집을 만들어 주시는 아저씨의 이야기를 통해 관련 어휘를 공부하고, 또한 동물과 관련된 중국의 12간지와 관련 문화에 대해서도 알아봅니다.

'고양이 덕후'

74세 칭다오의 퇴직 교사인 저우(周) 아저씨는 영락없는 '고양이 덕후(猫咪控)•'입니다. 8년간 아저씨는 매일 몇 킬로미터나 걸어서 길고양이들에게 밥을 주십니다. 하루 두 끼, 다섯 군데에서 밥을 주는 아저씨는 바쁘게 왔다 갔다 하십니다. 아저씨는 고양이들을 위해 파일을 만들어, 고양이들을 위한 몇 백 자나 되는 해학적인 시••를 쓰면서 자신과 고양이의 소소한 추억들을 기록합니다.

저우 아저씨는 어렸을 때부터 고양이에게 특별한 애정을 가졌었기에, 퇴직 후 고양이를 기르는 것이 아저씨의 생활 속에서 매우 중요한 일부분이 되었습니다. 아저씨는 고양이는 귀여운 동물이고, 길고양이는 관심을 갖고 보살펴야 할 가치가 있다고 생각합니다.

8년 전, 아저씨 아내의 건강상의 이유로, 저우 아저씨는 부득이하게 자신이 키우던 사랑하는 고양이 몇 마리를 다른 사람에게 보냈습니다. 그 후로부터 아저씨는 동네 주변의 길고양이들에게 밥을 주고 있습니다.

국어선생님이었던 저우 아저씨는 고양이의 이야기를 모두 노트에 기록했는데, 연필로 그린 그림과 사진이 어우러져 정말이지 다채롭고 훌륭합니다.

기자가 저우 아저씨를 따라 고양이에게 밥을 주러 왔는데, 고양이는 경계하듯 카메라 렌즈를 보고 있습니다.

매번 고양이들에게 밥을 주러 올 때마다, 저우 아저씨의 얼굴에는 웃음꽃이 가득합니다.

• **控**(팬, 광)
인터넷 용어로, 영어단어 'complex(정서, 감정)'의 접미사 'com'에서 유래된 말로, 어떤 사람이나 사물에 빠져드는 것을 가리킨다.

•• **打油诗**(해학적인 시)
해학성이 강한 시체(诗体)로, 이 시체는 작가 장다요우(张打油)로부터 최초로 전해졌기 때문에 '打油诗'라고 한다. 이런 종류의 시는 일반적으로 통속적이면서 알아보기 쉽고 해학적이다.

울타리 밖의 고양이와 저우 아저씨가 눈을 맞춥니다. 고양이와 이 선량한 '주인'은 이미 잘 아는 사이입니다.

저우 아저씨는 동네 주변에 길고양이들이 비교적 많은 장소 다섯 군데를 정해, 매일 고양이 밥을 들고 아침 5시에 한 번, 오후 4시에 한 번씩 제시간에 밥을 주러 갑니다. 8년을 하루같이, 비바람도 가로막지 못합니다. 저우 아저씨는 매달 500위안을 들여 고양이 사료를 삽니다.

몇 년 새 아저씨가 밥을 주는 고양이 수는 처음 몇 마리에서 현재 34마리로 늘어났습니다. "그동안 어떤 고양이는 죽었고, 어떤 고양이는 없어졌어요. 그래도 숫자는 점점 많아지네요."라고 저우 아저씨가 이야기했습니다.

삼색이, 날쌘돌이, 미소년, 치즈…

저우 아저씨는 34마리 고양이들에게 모두 이름을 지어주었고, 각각의 고양이들의 성격과 외모의 특징을 훤히 알고 있습니다.

저우 아저씨는 길에서 길고양이를 만나기만 하면, 가지고 있는 음식들을 고양이들에게 줍니다. 빈 생수병에 부어 넣은 물은 저우 아저씨가 고양이에게 먹이려는 것입니다.

고양이 밥 한 봉지, 몇 병의 물… 저우 아저씨는 매일 이것들을 들고 몇 킬로미터나 되는 길을 걷습니다.

후일에 대해 이야기하자 저우 아저씨는 계속해서 자신과 길고양이들의 이야기를 쓰고 싶다고 했습니다.

1 以 ~으로써

전치사 '以'는 '~으로써, ~을 가지고, ~을 근거로'라는 뜻을 나타낸다.

为猫写了数百字的打油诗，以此记录他和小猫之间的点点滴滴。
(为: ~을 위하여 / 以此: ~으로써, 이것 / 他(A)和小猫(B)之间: A와 B 사이)

▶ 只要我们以积极的态度去应聘，就一定能获得更多的机会。
우리가 적극적인 태도를 가지고 지원하기만 한다면 분명 더 많은 기회를 얻을 수 있을 것이다.

▶ 商家把两种东西放在一起出售，其中一种收费，另一种完全免费，以此吸引顾客购物。
판매자는 두 종류의 물건을 함께 팔면서 그 중 하나는 돈을 받고 다른 하나는 완전히 무료인데, 이것으로써 고객이 구매하게끔 유인한다.

2 不得不 어쩔 수 없이, 반드시

부사 '不得不'는 술어 앞에 쓰여, '(비록 하고 싶지는 않지만) 다른 방법이 없어 이렇게 할 수밖에 없다'라는 뜻을 나타낸다. '只好 zhǐhǎo' 역시 같은 뜻이다.

由于老伴儿的身体原因，周大爷不得不把自己的几只爱猫送给别人。
(由于……原因: ~한 원인 때문에 / 不得不: 어쩔 수 없이 / 把……送给……: ~을 ~에게 보내다)

▶ 她不得不为自己的错误道歉。 그녀는 어쩔 수 없이 자신의 잘못에 대해서 사과했다.

▶ 小王到家楼下发现电梯坏了，不得不爬楼梯。
샤오왕이 집 아래에 도착해서 엘리베이터가 고장 났다는 것을 발견하고는, 어쩔 수 없어 계단으로 올라갔다.

积极 jījí 형 적극적이다 | **态度** tàidù 명 태도 | **应聘** yìngpìn 동 지원하다 | **获得** huòdé 동 얻다, 획득하다 | **商家** shāngjiā 명 상점, 판매자 | **出售** chūshòu 동 팔다 | **收费** shōufèi 동 돈을 받다 | **免费** miǎnfèi 동 무료로 하다 | **吸引** xīyǐn 동 끌어당기다 | **顾客** gùkè 명 고객, 손님 | **购物** gòuwù 동 구매하다 | **错误** cuòwù 명 잘못 | **道歉** dàoqiàn 동 사과하다, 사죄하다 | **电梯** diàntī 명 엘리베이터 | **爬** pá 동 오르다 | **楼梯** lóutī 명 계단

3 便 바로, 곧

부사 '便'은 '바로, 곧'이라는 뜻으로 '就'와 용법이 같다. '便'은 문어체에 많이 쓰이며 '就'는 구어체에 많이 쓰인다.

之后他便开始喂养社区周边的流浪猫。

그 후 / 바로 / 길고양이에게 밥을 먹이다

▶ 他说完后便开心地跑去玩儿了。 그는 말이 끝나자마자 바로 즐거운 듯 뛰어나가 놀았다.

▶ 明代科学家宋应星从小便爱阅读科学书籍。
명대 과학자 송응성은 어렸을 때부터 일찍이 과학 서적을 읽는 것을 좋아했다.

4 只要…就… ~하기만 하면 바로 ~하다

'只要…就…'는 '~하기만 하면 바로 ~하다'라는 뜻으로, '只要' 뒤에 제시하는 조건은 필요한 것이지만 유일한 것은 아니라는 의미를 함축하고 있다. 또한, 뒷절의 '就'는 생략될 수 있다.

周大爷只要在路上遇到流浪猫，就会把随身带着的食物散给它们。

~하기만 하면 바로 ~하다 / (우연히) 만나다, 마주치다 / ~을 나눠주다

▶ 只要条件允许，就应该放手去做，不要等到以后。
조건만 허락된다면 바로 손을 놓고 가서 하면 되지 나중까지 기다릴 필요 없다.

▶ 其实我们只要多点儿耐心，把复杂的问题分开来看，就会发现它们只是一个个简单的小问题。 우리가 좀 더 인내심을 가지고 복잡한 문제를 따로 놓고 보면, 바로 이것들은 그저 간단한 작은 문제라는 것을 발견할 수 있을 것이다.

明代 Míngdài 명 명대 | **阅读** yuèdú 동 읽다 | **书籍** shūjí 명 서적 | **条件** tiáojiàn 명 조건 | **允许** yǔnxǔ 동 허락하다, 허가하다 | **放手** fàngshǒu 동 손을 놓다, 손을 떼다 | **耐心** nàixīn 형 참을성이 있다 | **复杂** fùzá 동 복잡하다 | **分开** fēnkāi 동 나누다, 구별하다

1 不得不 VS 必须

	不得不 bùdébù 부 어쩔 수 없이, 반드시	必须 bìxū 부 반드시 ~해야 한다
공통점	모두 부사로, '반드시, 꼭 어떤 일을 해야 한다'라는 의미를 나타낸다.	
차이점	다른 방법이 없어 어쩔 수 없이 이렇게 해야만 함을 나타낼 때 사용된다. 예 由于一直下小雨，运动会不得不推迟举行。 계속 내리는 가랑비 때문에, 운동회는 어쩔 수 없이 개최를 연기했다.	규정, 명령 혹은 일반적인 도리에 따라 반드시 어떤 일을 해야 함을 나타내며, 뉘앙스가 비교적 단호하다. 예 牛油果的果肉一般是绿色的，必须在新鲜的时候吃，否则就会变黄。 아보카도의 과육은 일반적으로 초록색이며 반드시 신선할 때 먹어야지, 그렇지 않으면 노란색으로 변한다.

2 按时 VS 及时

	按时 ànshí 부 제때에, 제시간에	及时 jíshí 부 제때에/ 즉시, 곧바로 형 시기적절하다, 때맞다
공통점	모두 '정해진 시간에 맞추다'라는 의미를 가지고 있다.	
차이점	① 부사로, '규정된 시간에 따라서' 어떤 일을 하는 것을 가리킨다. 예 你应该按时完成作业。 너는 제때에 숙제를 완성해야 한다.	① 부사로, '되도록 빨리' 어떤 일을 하는 것을 나타내기도 한다. 예 谢谢你及时通知我这个消息。 저에게 이 소식을 즉시 통지해줘서 고마워요.
	② 형용사 용법은 없다.	② 형용사로도 사용할 수 있다. 예 这场雨来得真及时。 이 비는 정말 때맞춰 왔다.

由于 yóuyú 접 ~때문에 | 推迟 tuīchí 동 뒤로 미루다, 지연되다 | 举行 jǔxíng 동 거행하다 | 牛油果 niúyóuguǒ 명 아보카도 | 新鲜 xīnxiān 형 신선하다 | 否则 fǒuzé 접 만약 그렇지 않으면 | 完成 wánchéng 동 완성하다

3 将来 VS 未来

	将来 jiānglái 명 장래, 미래	未来 wèilái 명 미래, 장래
공통점	모두 '미래, 장래'라는 뜻을 가지고 있다.	
차이점	현재 이후의 시간을 가리키는 것으로 '과거', '현재'와 구별된다. 예 我们既不能总是为过去的事情而后悔，也不能一直担心将来会发生什么。 우리는 항상 과거의 일로 인해 후회하거나 또한 장래에 무엇이 발생할지에 대해 줄곧 걱정해서는 안 된다.	현재 이후의 시간을 말하는 것은 '将来'와 같으나 종종 아름다운 전망과 장래를 가리키며, 곧 닥칠 시간을 나타내기도 한다. 예 未来两天的比赛更加精彩。 앞으로 이틀 후의 경기가 더욱 훌륭할 것이다. 예 你可以问问你所应聘的职位未来几年的发展前景。 당신은 당신이 지원한 직위의 향후 몇 년간의 발전 전망에 대해 물어봐도 좋습니다.

4 继续 VS 持续

	继续 jìxù 동 계속하다	持续 chíxù 동 지속하다, 계속 유지하다
공통점	모두 동사로 '계속하다, 계속되다'라는 의미를 나타낸다.	
차이점	① 시간이 길고, 중단되는 것 없이 이어지는 행위나 현상에 사용할 수 있으며, 중단된 후에 이어서 진행된 것에도 사용이 가능하다. 예 全部男生要向右走一步，和下一个女生继续聊天儿。 모든 남자가 오른쪽으로 향해 한 발 움직여 다음 여자와 계속해서 이야기해야 한다.	① 어떤 현상이나 상태가 줄곧 지속되는 상태를 말하며 그 현상이나 상태는 중단될 수 없는 상황에 쓸 수 있다. 예 纪念活动持续一周。 기념 행사가 1주일 동안 지속된다.
	② 동사이므로 뒤에 명사성 목적어가 올 수 있다. 예 谁继续他的话题说一说？ 누가 그의 화제를 이어서 한번 말해볼래요?	② 발전, 변화 등의 의미를 가진 동사, 조사 '着'나 방향보어, 연속되는 시간, 어느 시각까지 연속되는 시점 등이 뒤따라야 한다. 예 雷阵雨竟然持续到下午。 소나기는 뜻밖에도 오후까지 지속되었다.

既…也… jì…yě… 접 ~하면서도 ~하다 | **后悔** hòuhuǐ 동 후회하다 | **应聘** yìngpìn 동 지원하다 | **前景** qiánjǐng 명 전망, 장래 | **活动** huódòng 명 행사 | **话题** huàtí 명 화제 | **雷阵雨** léizhènyǔ 명 (천둥과 번개를 동반한) 소나기

중국의 12간지

12간지는 '12개의 띠'라고도 하며, 중국인들이 전통적으로 나이를 계산하는 데 사용되는 12가지 동물입니다. 각각 쥐, 소, 호랑이, 토끼, 용, 뱀, 말, 양, 원숭이, 닭, 개, 돼지로 나뉩니다. 중국에서 모든 사람들은 태어날 때부터 자신만의 띠가 있습니다. 예를 들면 음력으로 원숭이해에 태어난 사람은 원숭이띠입니다.

12간지는 모두 중국의 전통문화에 그 독특한 이미지를 가지고 있습니다.

쥐는 겁이 많고 의심이 많아 사람들은 '쥐처럼 겁이 많다'라고 하며 겁이 많은 사람을 묘사합니다. 소는 주로 농경에 사용되며 중국인들은 소에 대한 감정이 깊어 소는 부지런하고 보답을 바라지 않는다고 생각합니다. 위풍당당하고 용맹한 호랑이는 사람들에게 아이들의 수호신으로 여겨져, 옛날에 어린이들은 종종 호랑이 머리 모양의 모자를 쓰고 호랑이 머리 모양의 헝겊신을 신었습니다. 토끼는 중국 전통 고사 속에서 항상 똑똑하고 기지가 넘치는 이미지로 등장하기 때문에 사람들은 '도망가는 토끼처럼 날쌔다'라는 말로 사람의 행동이 달아나는 토끼처럼 민첩함을 묘사합니다. 용은 사람들의 상상 속에서 만들어진 동물로, 힘과 정신의 상징으로서 줄곧 중국사람들의 사랑을 받아왔습니다. '자식이 용처럼 되기를 원하다(望子成龙)'라는 말은 부모가 자식이 크게 성공하여 용처럼 고귀하고 걸출하게 되기를 바란다는 뜻입니다. 뱀은 부정적인 이미지로 많이 나타내져 주로 독한 사람을 형용합니다. 말은 중국인의 마음속에서 충성스럽고 부지런하며 현명하여 사람들은 '군마가 오면 승리한다'는 말로 일이 곧 성공한다는 것을 형용합니다. 양은 줄곧 사람들에게 온순하고 또 착하다고 여겨져, '속죄양'이라는 말은 현재 다른 사람의 죄를 덮어쓰는 사람을 나타냅니다. 원숭이는 똑똑하고 장난기가 심한데, 중국의 고전명작 《서유기(西游记)》 속 손오공의 이미지가 바로 원숭이의 전형적인 이미지입니다. 그 밖에 닭이 시간을 준수하는 것과 개가 충성하는 것 역시 모두 사람들이 인정하는 바이며, 포동포동한 돼지는 바로 복을 상징합니다.

12간지에 왜 고양이가 없는지 궁금하지는 않나요? 고대 중국에는 고양이가 없었는데, 12간지가 이미 고양이가 중국에 들어오기 전에 생겨나서 그렇다고 합니다.

영화 《十二生肖(차이니즈 조디악)》는 위안밍위안(圆明园)의 12간지 동상 중 사라진 4개 동물의 동상을 찾는 이야기를 영화로 만든 것입니다. QR코드를 스캔해서 이 영화에 대해 알아보고 예고편을 관람해 보세요.

영화 《十二生肖》

영화 《차이니즈 조디악》은 청룽(成龙)의 101번째 액션 영화입니다. 청룽이 메가폰을 잡고 리아오판(廖凡), 야오싱통(姚星彤) 등의 중국배우와 한국배우 권상우 씨가 주연했습니다.

줄거리

JC(청룽)는 국제문물 판매상 로렌스가 제시한 어마한 금액의 상금을 얻기 위해, 위안밍위안에 있는 12간지 동상 중 잃어버린 4개의 동상을 찾아 떠납니다. JC는 동상을 찾는 과정에서 위험한 상황에 처하기도 하지만 모두 해결합니다. 돈을 목숨처럼 여겼던 JC였으나, 동상을 얻은 후 관교수 부녀의 애국심에 감동 받아 결정적인 순간에 돈을 포기하고 COCO(야오싱통)를 도와 동상을 중국에게 돌려줍니다.

영화가 반영하는 내용

이 영화는 모든 문물은 다 자신만의 이야기와 문화가 있어 함부로 파괴해서는 안 되며, 개인의 사리사욕보다는 국가의 유실된 문물을 나라의 역사 '증인'으로 여겨 보호해야 한다고 주장합니다. 영화 제목인 《十二生肖》는 중국의 문화 특색을 지니고 있는 단어라 영어로는 상응하는 표현을 찾기 어렵고, 'zodiac(황도 12궁-별자리)'과는 사뭇 다르지만, 외국 관중들에게 거부감 없이 친근하게 다가가길 원해 영화 제목을 《차이니즈 조디악》이라고 지었다고 합니다.

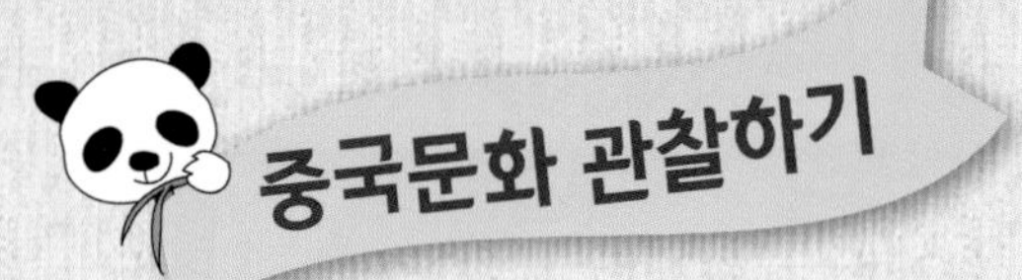

중국 12간지의 기원

중국 12간지의 기원에 대한 설이 많아서 정확하게 알 수는 없지만, 일부 학자들은 12간지의 기원이 원시시대의 동물에 대한 숭배에서 나왔다고 생각합니다. 원시사회는 생산력이 낮았으며 자연에 대한 인식이 매우 제한적이어서 자신과 함께 살아가는 동물(말, 양, 소, 닭, 개 등)에 대해 자연적으로 의존하는 경향이 생겨났고, 자신의 안전에 해가 되는 동물(뱀, 호랑이 등)에는 두려움이 생겨 동물에 대한 숭배가 생겨났다고 보고 있습니다.

《시경(诗经)》의 "吉日庚午，既差我马(길일 경오에 잘 달리는 내 말을 고른다)"라는 구절은 소와 말이 서로 대응되어 12간지에 대해 최초로 사용된 예라는 것을 알 수 있습니다. 즉, 춘추(春秋)시기 이전에 12간지와 동물의 관계가 이미 확립되어 전해져 내려오는 것으로 추정됩니다. 또한, 왕충[王充, 중국 후한의 사상가]이 〈논형·물세(论衡·物势)〉편에서 12간지와 사람의 띠에 관하여 비교적 진일보하고 완벽하게 기재하여 12간지에 대한 초기 문헌으로 여겨지고 있습니다.

12간지 동물 중에서 본문에서 등장한 고양이가 없는 이유는, 중국 고대에 고양이가 없었기 때문이라고 합니다. 고양이는 이집트에서 전해졌는데, 고양이가 언제 중국에 전해져 들어왔는지 실증할 수는 없지만, 민간 전설에서는 당나라 때 당삼장(唐三藏)이 인도에서 가지고 들어왔다는 이야기가 있다고 합니다. 즉, 고양이가 중국에 전해지기 전에 이미 12간지가 생겨나서 12간지에 고양이가 없는 것입니다.

12간지 동물의 나열 순서에 대해서는 민간 고사, 12시간과 12간지 동물의 관계, 그리고 중국인의 음양오행 관념에서 12개의 동물을 나열했다고 합니다.

UNIT 03

圣诞交通协管员

크리스마스 교통정리원

학습 내용

- 전신을 산타클로스로 꾸민 그들의 직책은 크리스마스 기간에 교통이 번잡한 시장 입구에서 교통정리를 하는 것입니다. 그들이 바로 크리스마스의 교통정리원입니다.

학습 목표

- 외국 기념일인 크리스마스가 중국에서 어떤 의미를 가지고 있는지에 대해 알아보고, 중국의 거리에서 흔하게 볼 수 있는 교통정리원의 삶에 대해 이해해 보도록 합니다.

크리스마스 교통정리원

그들은 크리스마스 교통정리원입니다. 빨간색 모자와 옷, 검은색 부츠, 심지어 허리에 달린 금색 선물주머니도 있어 어느 하나 빠지는 것이 없습니다. 이것들 외에도 그들에게는 고급 과학기술 설비들이 더 있는데 이들의 직책은 바로 교통을 원활하게 만드는 것입니다.

베이징의 어느 잡화 도매시장에 하루 종일 10명 내외의 '산타클로스'가 단체로 시장 입구 도로상에 나타납니다. '니우(牛)'씨 성을 가진 팀장이 기자에게 그들은 이 시장의 경비팀 소속으로 크리스마스 기간에 산타클로스로 분장하여 교통정리를 하면 매일 추가 보너스가 있다고 알려주었습니다.

당나라(唐朝)• 때, 크리스마스는 기독교의 전파에 따라 중국으로 들어왔지만, 상업화 된 기념일로서 중국인들에게 점차 받아들여진 것은 20세기 90년대부터입니다. 산타클로스도 이 시기에 코카콜라 회사의 프로모션 수단으로 중국에 들어온 것입니다.

크리스마스 기간에, 많은 젊은이들은 친구들과 함께 모이거나 쇼핑을 하며, 중국의 특색 있는 산타클로스 역시 수많은 상업 행사의 마스코트가 되어 버렸습니다.

늘어선 차량 안에 있는 어린아이가 신기한 듯 산타클로스 교통정리원을 아래위로 쳐다보며 금색의 주머니에 무엇이 있는지 항상 물어봅니다. '산타클로스'가 그 안에 텀블러와 담배가 들어있다고 대답하자 모두들 한바탕 웃습니다.

크리스마스 교통정리원의 몸에는 금색 주머니 외에 무전기와 크로스백, 전자영수증 발생기가 있습니다.

• **唐朝**(당나라)
서기 618–907년, 이연(李渊)이 건립한 나라로 장안(长安: 지금의 산시성(山西省) 시안시(西安市))에 도읍을 정하였다. 당나라 번영시기에는 정치, 경제, 문화, 외교 등의 방면에서 모두 높은 성과를 거두어 중국 역사상 가장 강성한 시대 중 하나라고 여겨진다.

시장 밖 도로변에서는 20살 초반의 샤오우(小吴)가 근무하고 있는데, 그의 뒤에는 거대한 산타클로스 조각상이 있습니다. 그는 기자에게 자신은 이미 2년 연속하여 요 며칠 동안은 산타클로스 복장을 하고 일한다고 알려주었습니다.

"중학교 졸업 후 고향을 떠나 베이징으로 왔어요. 그 후로 계속 이곳에서 일하고 있죠." 샤오우는 기자에게 "그제는 시장 20주년 행사여서 모두 모여 회식을 했어요. 게도 있고 새우도 있어서 맛있게 잘 먹었어요. 크리스마스 파티인 셈이죠."라고 알려주었습니다. 크리스마스 기간에 그들은 평소와 같이 출근해야 합니다.

열악한 날씨와 상관없이 '산타클로스'들은 있는 힘을 다해 매우 열심히 일합니다.

그들은 쇼핑하러 온 사람들이 편안하게 쇼핑을 할 수 있도록 책임져야 합니다.

점심에 시장 경비실에 한 교통정리원이 금색의 주머니에서 점심으로 두 개의 도시락 통을 꺼냅니다. 교통정리원들 중 나이가 제일 어린 사람은 20대 초반이고, 나이가 제일 많은 사람은 이미 거의 50세입니다. 하루 종일 바쁜 근무가 끝나면 나이가 많은 몇 명의 교통정리원들은 또 1시간 넘도록 자전거를 타고 가야만 집에 도착합니다. 젊은 사람들은 시장의 8인 기숙사에 비집고 들어가 휴식을 취합니다.

쉬는 시간에 교통정리원들은 웃고 떠들며 업무의 즐거움을 함께 나눕니다.

한 관리원이 짧은 휴식시간에 책상 위에 가져온 도시락을 놓습니다. 크리스마스 전후 요 며칠 동안에 그들은 평소보다 많이 바쁩니다. 이 교통정리원은 매우 피곤해 보이고 말을 많이 하길 원하지 않습니다.

교통정리원들은 매일 밥 먹는 시간을 제외하고 그저 몇 분간 짧게 쉬고 바로 시끄러운 차량행렬로 들어가야 합니다. 땅거미가 내려오고 퇴근하는 인파가 많아져도, 교통정리원들은 여전히 자신의 자리를 굳건히 지키고 있습니다.

퇴근입니다. 한 산타클로스 교통정리원이 빨간색 옷과 바지를 벗고 집으로 갈 준비를 합니다. 교통정리원들의 근무시간은 매일 아침 7시에 시작하여 저녁 6시에 끝나며, 토요일과 일요일도 쉬지 않습니다. 그래서 그들은 1년 동안 그저 며칠간의 휴가만을 손꼽아 기다립니다.

주요 문법 Real 풀이

1 …地 ~하게

'地'는 형용사, 동사 혹은 일부 부사 등의 뒤에 쓰여 부사어(술어나 문장 앞에서 이것을 수식하거나 제한하는 성분)를 만들어 주는 역할을 한다. 대부분 '~하게'라고 해석되며 주로 동사를 수식한다.

排队车辆中，总会有小孩好奇地打量圣诞交通协管员，……

▶ 天气逐渐地暖和起来了。 [부사 + 地]
날씨가 점차 따뜻해지고 있다.

▶ 我看见马飞快地从他身边跑了过去。 [형용사 + 地]
나는 말이 매우 빠르게 그의 옆으로 뛰어가는 것을 보았다.

▶ 正当被告全神贯注地观看法官审案时，法官突然问他。 [구 + 地]
피고가 온 정신을 기울여 법관의 심의를 보고 있을 때, 법관이 갑자기 그에게 물었다.

2 除了…以外，也/还… ~을 제외하고 역시, 또 ~하다

'除了'는 '~을 제외하고'라는 뜻으로, 뒤에 '也/还' 등과 같이 쓰여 앞의 것 말고도 또 다른 것이 있음을 나타낼 때 사용한다.

圣诞交通协管员的身上除了金色大口袋以外，还有对讲机、挎包和……

▶ 除了增加出租车的数量外，我们也在研究其他解决方法。
택시 수량을 증가시키는 것 외에도 우리는 또 다른 해결 방법을 연구하고 있다.

▶ 很多体育场地除了举办足球比赛还要承办各类赛事或者演唱会。
많은 스포츠 운동장은 축구 시합을 개최하는 것 외에도 각종 시합 혹은 콘서트가 열린다.

被告 bèigào 명 피고, 피고인 | **全神贯注** quánshén guànzhù 성 온 정신을 집중시키다 | **观看** guānkàn 동 보다, 참관하다 | **审案** shěn'àn 동 (사건을) 심리(심의)하다 | **承办** chéngbàn 동 맡아 처리하다 | **赛事** sàishì 명 경기 사항

또한 '除了' 뒤에 '都'가 쓰여 '~을 제외하고 모두 ~하다'라는 의미로, 말하는 대상을 포함하지 않을 때에도 사용한다.

▶ 除了爷爷，其他人都不是特别爱看京剧。
할아버지를 제외하고 다른 사람들은 모두 경극 보는 것을 특별히 좋아하지 않는다.

3 算是 ~인 셈이다

'算是'은 동사로 '간주하다, ~인 셈이다, ~라 할 수 있다'는 뜻을 나타낸다.

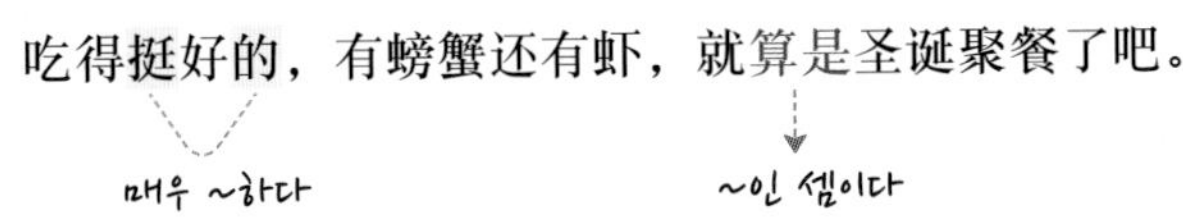

▶ 四年级学生能写出一段完整的话，算是不错了。
4학년 학생이 완벽한 한 단락의 말을 써낼 수 있으면 괜찮은 셈이다.

▶ 植物种子的寿命长短不一，一般来说，能够维持15年以上生命力的，就算是长寿的种子。
식물 씨앗의 수명은 길고 짧음이 같지 않은데 일반적으로 15년 이상의 생명력을 유지한다면 장수씨앗이라 할 수 있다.

4 显得 ~처럼 보이다

'显得'는 '~처럼 보이다'라는 뜻으로 뒤에 형용사가 정도부사와 함께 온다.

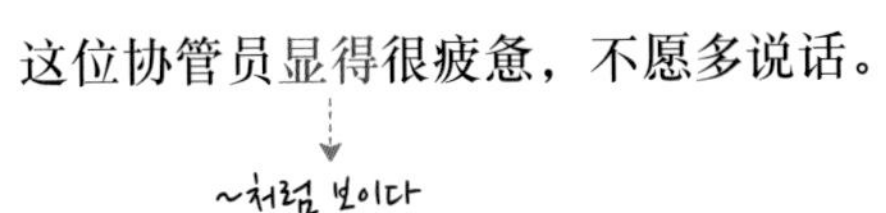

▶ 他显得很不耐烦。 그는 매우 귀찮아 보였다.

▶ 我觉得那里显得特别亲切，能让人找到许多小时候的影子。
나는 그곳이 매우 친근해 보여, 어렸을 때의 여러 모습을 찾을 수 있게 한다고 생각된다.

完整 wánzhěng 형 완전하다, 완벽하다 | 寿命 shòumìng 명 수명 | 长寿 chángshòu 동 오래 살다 | 不耐烦 búnàifán 형 귀찮다, 성가시다, 못 참다 | 亲切 qīnqiè 형 친절하다 | 影子 yǐngzi 명 그림자

1 传播 VS 流传

	传播 chuánbō 동 널리 퍼뜨리다, 전파하다	**流传** liúchuán 동 세상에 널리 퍼지다
공통점	모두 '광범위하게 퍼뜨리다'라는 의미를 가지고 있다.	
차이점	'전파하다, 유포하다'의 의미가 더 강조된다. 예 这个好消息立刻在村里传播开来。 이 기쁜 소식은 즉시 마을에 퍼져나갔다.	'예전부터 전해져 내려와 널리 퍼지다'는 의미가 더 강조된다. 예 这项技术是从古代流传下来的。 이 기술은 고대부터 전해져 내려온 것이다.
搭配	…信息(정보), …谣言(헛소문), …经验(경험), …思想(사상), …技术(기술), …病毒(바이러스), …声音(소리)	…作品(작품), …神话(신화), …传说(전설), …故事(이야기), …事迹(사적)

2 消费 VS 消耗

	消费 xiāofèi 명 동 소비(하다)	**消耗** xiāohào 동 소모하다, 소비하다
차이점	'생산·생활을 위해서 금전이나 물품을 소비하다'라는 의미를 나타내며, 그 대상은 일반적으로 구체적인 물질이나 재산이다. 예 您一共消费了197元。 모두 197위안입니다.	'사용·손상 등의 원인으로 금전·에너지·체력 등이 점차 감소·소모되다'라는 의미를 나타낸다. 예 海水蒸发会消耗大量的热量。 바닷물의 증발은 대량의 에너지를 소모할 수 있다.
搭配	…品(품), …者(자), …市场(시장), …水平(수준)	…体力(체력), …汽油(휘발유), …力量(힘), …热量(에너지)

技术 jìshù 명 기술 | 一共 yígòng 명 부 전부, 모두 | 蒸发 zhēngfā 동 증발하다

3 活动 VS 运动

	活动 huódòng 명 활동, 행사	运动 yùndòng 명 운동
공통점	사람들이 어떤 목적을 달성하기 위해서 취하는 행동이라는 의미가 있다.	
차이점	사람이나 동물의 동작, 행위를 의미한다. 예 周末有个志愿献血活动，一起去吧。 주말에 자원 헌혈행사가 있는데 같이 가요.	정치·문화·생활 방면에서 비교적 큰 영향력을 가진 조직적 군중활동을 말한다. 예 在世界性的运动会上，中国队多次在乒乓球比赛中获得好成绩。 세계적인 운동회에서 중국팀은 여러 차례의 탁구시합에서 좋은 성적을 얻었다.
搭配	庆祝(경축)…, 参观(참관)…, 评选(품평)…, 竞选(선거)…, 文体(문화, 오락, 체육)…	新文化(신문화)…, 五四(5 · 4)…

4 舒适 VS 舒服

	舒适 shūshì 형 기분이 좋다, 쾌적하다	舒服 shūfu 형 편안하다, 안락하다
차이점	생활환경 혹은 외부의 사물이 사람으로 하여금 만족하게 만든다는 의미를 나타낸다. 예 我已经习惯了舒适的生活。 나는 이미 쾌적한 생활에 익숙해졌다.	'심리·신체의 느낌이 좋다'는 의미를 제외하고도, 외부의 사물이 사람에게 주는 느낌이 좋다는 뜻도 있다. 예 吃了海鲜，他觉得胃很不舒服。 해산물을 먹고, 그는 속이 편안하지 않은 것을 느꼈다.
搭配	…的生活(~한 생활), …的生活条件(~한 생활조건), …的办公室(~한 사무실), …的床(~한 침대)	身体(몸)…, 心里(마음)…, 看着(보기에)…, 胃(위)…

志愿 zhìyuàn 동 지원하다, 희망하다 | 献血 xiànxuè 동 헌혈하다 | 获得 huòdé 동 얻다, 획득하다 | 海鲜 hǎixiān 명 해산물

중국 속의 '서양 기념일'

최근, 사회의 발전에 따라 각국의 문화가 부단히 중국으로 몰려오고 있습니다. 밸런타인데이, 만우절, 어머니의 날, 아버지의 날, 할로윈데이, 추수감사절, 크리스마스 등 많은 '서양 기념일'이 중국인의 생활로 걸어 들어왔고 갈수록 더 많은 젊은이들의 사랑을 받고 있습니다.

한 인터넷 조사에 따르면, 30세 이하의 중국 젊은이들 사이에서 절반 이상이 중국의 전통기념일보다 '서양 기념일'을 더 선호한다고 합니다. 각각의 대형상점들도 '서양 기념일'이라는 명목으로 각양각색의 세일 프로모션을 진행합니다. 통계에 따르면, 일부 상점들의 크리스마스 기간 매출이 중국 전통기념일의 춘절과 중추절을 따라 잡는다고 합니다.

그렇다면 '서양 기념일'은 왜 이렇게 인기가 있는 걸까요? 16세의 한 고등학생은 친구들 사이에 서로 크리스마스 카드를 주는 것은 간단한 즐거움의 전달이라고 하였으며, 직장인들은 평소 삶이 조용하고 단조로운데 '노는 것'을 중요시하는 할로윈데이와 크리스마스 등은 모두에게 스트레스를 풀 수 있는 기회를 제공해 준다고 하였습니다. 할로윈데이의 잭오랜턴, 크리스마스에 크리스마스 트리에 불을 밝히는 것 등, 중국의 전통기념일과 완전히 다른 풍습은 모두를 더욱더 신선하고 재미있게 만든다고 합니다.

그러나 어떤 사람들은 '서양 기념일'에 대한 젊은이들의 태도가 이성적이지 못하다고 말합니다. 한 조사가 보여주듯, 크리스마스 파티에 참가하는 사람들 중 70%가 넘는 사람들은 크리스마스의 유래와 의미를 잘 모르고 그저 '맹목적으로 즐기고 있다'고 합니다. 크리스마스 이브에 사과를 주며 무사함을 나타내는 이런 판매자들이 만들어낸 기념의 습관도 불편을 초래합니다. 평소에는 10위안으로 사과 3근을 살 수 있지만, 크리스마스 이브에 포장을 거친 사과 한 개는 10위안이나 합니다.

도대체 '서양 기념일'을 지내야 할까 아니면 중국 전통기념일을 지내야 할까요? 기념일은 문화의 매체로, 젊은이들은 '서양 기념일'이 가져다 주는 신선한 문화를 체험하는 동시에 깊고도 풍부함을 내포한 옛 전통도 버려서는 안 될 것입니다.

크리스마스가 중국에 들어온 이후 '중국 특색'이 생겨났습니다. 아래의 QR코드를 스캔하여 중국식 크리스마스 이브(平安夜) 관련 동영상을 보고 중국식 외국 기념일의 특징을 이해해 보세요.

平安夜

중국에서는 크리스마스에 친구들이나 가족들에게 사과를 주는 습관이 있는데, 이 습관은 사실 크리스마스가 중국에 들어온 이후 중국에서 생겨난 것입니다. '사과(苹果)'의 '苹 píng'과 '평안하다(平安)''의 '平 píng'과 발음이 같아 사과가 '평안'의 의미를 가지고 있다고 여겨 사과를 주는 풍습이 생겨난 것입니다.

또한 크리스마스 이브 밤 12시에 사과를 길게 깎으면서 거울을 보면 미래 남편을 볼 수 있다는 재미있는 속설이 있습니다. 실제로 2000년대 초반에 방영되었던 인기 드라마 《粉红女郎 Fěnhóng nǚláng》에서 여주인공이 미래 남편의 모습을 보려고 이브 밤 12시에 사과를 깎는 모습이 다뤄지면서 이 속설이 더 유명해졌답니다. 그 이후 중국의 기숙사에서는 이브 밤 12시가 되면 학생들끼리 사과를 길게 깎는 진풍경이 벌어지기도 한다고 합니다.

중국 속의 각종 '외국 기념일'

- 情人节: 밸런타인데이(2월 14일)를 말하는 것으로, 그 기원은 기독교에 있습니다. 이 기념일에 커플들은 서로 선물을 교환함으로써 사랑을 전달하며, 큐피트, 심장에 꽂힌 화살 등이 밸런타인데이의 상징이라고 할 수 있습니다. 이것과 비슷하게 매년 음력 7월 7일은 중국의 칠석날로, 중국 고유의 밸런타인데이입니다.
- 白色情人节: 화이트데이(3월 14일)를 말하는 것으로 '返情人节 Fǎnqíngrén Jié'라고도 합니다. 밸런타인데이의 연장으로 2월 14일에 커플 중 한 쪽이 선물을 주면 3월 14일에는 다른 한 쪽이 선물을 줍니다. 이날에는 직접 만든 쿠키 혹은 박하사탕이 선물로 많이 선택된다고 합니다.
- 愚人节: 만우절(4월 1일)을 말합니다. 90년대 중반 무렵까지 중국인들에게 큰 의미가 없다가 경제성장과 서구문화의 급속한 유입으로 만우절 역시 중국에서 하나의 기념일로 자리잡았습니다. 이 만우절의 '愚'는 '어리석다'를 의미하며 발음은 'yú'인데 이것과 물고기를 의미하는 '鱼'와 발음이 같아 만우절 농담에 가장 자주 등장하는 단어입니다. 그래서 만우절에는 수족관에 장난전화를 하거나 낚싯대에 펄럭이는 녹색 물고기를 매달아 손님에게 선물을 주거나, 물고기 모양의 만두나 빵 같은 음식을 만들어서 식탁을 장식하여 만우절 분위기를 내기도 합니다. 또한 우리나라와 똑같이 학생들도 학교에서 교실을 바꾸거나, 선생님이 마시는 차에 분필가루, 혹은 변비약을 넣는 등 자주 장난을 칩니다. 4월 1일 만우절에 속은 사람들은 '四月的傻瓜(4월의 바보)'라고 부릅니다.

UNIT 04

广场领舞者

광장의 메인댄서

학습 내용

• 매일 저녁, 57세의 리징춘 씨는 친구들과 함께 베이징 난싼환둥루의 한 주차장에서 광장무를 추며 삶에 대한 그녀들의 애정과 성실함을 표현합니다.

학습 목표

• 중국에서 흔히 볼 수 있는 광장무에 대해서 알아보고 관련 어휘를 공부해 봅니다. 또한 QR코드를 통해 광장무를 감상해 보도록 합니다.

광장의 메인댄서

베이징(北京) 난싼환둥루(南三环东路)의 한 옥외주차장에서 매일 저녁 중년의 아주머니들이 1시간 반 동안 광장무를 춥니다. 57세의 리칭춘 씨는 이곳 광장무를 처음 시작한 사람이자 춤을 이끌어가는 사람입니다. 2008년부터 지금까지 그녀는 거의 매일 어떤 상황에서도 흔들림 없이 제시간에 춤을 춥니다.

처음 리 아주머니는 그저 혼자서 집 근처의 백화점 입구에서 춤을 추었는데, 그 후로 같이 춤을 추는 사람들이 서서히 많아졌고, 삼삼오오에서 몇 십 명에까지 이르게 되었습니다. 장소가 크지 않아 그녀들은 길 맞은편 주차장으로 자리를 옮겨 지금의 고정된 '근거지(地盘)'를 마련했고, 지금은 저녁에 가장 많을 때는 100여 명의 사람들이 같이 춤을 춥니다.

리 아주머니는 사교성이 매우 뛰어나 매일 출발 전 길목에서 이웃의 춤 친구를 기다렸다가 같이 맞은편 장소로 갑니다.

리 아주머니는 이 광장무를 처음 시작한 사람이자 춤을 이끌어가고, 가르치고 있으며 평균 2주마다 새로운 안무 하나를 가르칩니다. 현재 모두들 이미 인도 춤(印度舞), 몽고 춤(蒙古舞)*, 티베트족 춤(藏族舞)**, 힙합 등을 포함하여 200여 가지가 넘는 춤을 출 수 있습니다.

리 아주머니는 무료로 춤을 가르칩니다. 모든 사람마다 매년 20위안의 회비를 내는데 주로 스피커 수리와 교체에 사용됩니다. 리 아주머니는 이곳에 와서 춤을 추는 사람들의 절반이 건강에 문제가 있어 몸을 단련하는 것이 모두의 초기 목적이라고 하십니다.

춤을 추는 사람들이 많아져 스피커도 이전의 미니스피커로부터 대형 스피커로 업그레이드 하였습니다. 매일 춤 추기 전, 리 아주머니는 먼저 안무를 짜고 음악을 준비해 둡니다. 리 아주머니의 광장무 장소는 오피스텔 아래에 있는데 주택가와는 조금 거리가 있어 광장무를 추는 6년 동안 주민들과 충돌이나 언쟁이 발생한 적이 없습니다.

*** 蒙古舞**(몽고 춤)

중국 네이멍구(内蒙古)자치구 및 지린(吉林), 헤이룽장(黑龙江)에 모여 사는 몽고족의 민간춤이다. 몽고족의 춤 문화는 그들의 수렵, 유목생활과 밀접환 관련이 있고, 순박하고 평온하며 늠름한 특징을 가지고 있다.

**** 藏族舞**(티베트족 춤)

티베트족은 중국 티베트(西藏)자치구와 칭하이(青海), 간쑤(甘肃), 쓰촨(四川), 윈난(云南) 등지에 분포되어 있다. 티베트족의 춤은 티베트족 무용의 총칭으로 그 자태가 자연스럽고 대범하여, 스타일이 호방한 특징을 가지고 있다.

여름에는 광장무를 보통 저녁 7시 반부터 시작하고 겨울에는 시간을 조금 앞당겨 합니다. 가끔 오피스텔에서 야근하는 사람이 나와 한 마디 하면 리 아주머니는 스피커 볼륨을 작게 낮춥니다.

리 아주머니는 퇴직 전 판매원이었고 젊었을 때부터 노래하고 춤 추는 것을 좋아하였습니다. 막 퇴직했을 때, 리 아주머니는 운동을 위해 광장무를 췄는데, 점차 춤을 출수록 감각이 생겼습니다.

"광장무는 신체조건의 제한이 없어요. 키가 크건 작건, 뚱뚱하건 날씬하건 다 상관없지요. 많은 사람들이 저에게 프로냐고 묻는데, 저는 정말 프로도 아니고 모두 인터넷에서 배운 거랍니다. 만약 새 춤을 가르치려면 일주일 전부터 춤을 리메이크 하고 동작을 분석해보죠."

저녁 9시에 광장무가 끝나면 다른 두 명의 무보수로 춤을 가르치는 웨이 아주머니와 멍 아주머니는 리 아주머니와 함께 설비를 정리하고 집으로 갈 준비를 합니다.

며칠 후에 리 아주머니는 팀을 인솔해서 광장무 결승대회에 참가해야 해서 그녀들은 집에 가는 길에 팀 의상 건에 대해 상의합니다.

리 아주머니에게는 또 다른 '신분(身份)'이 있는데, 바로 '백성합창단'의 책임자 일원입니다. 아침 6시가 넘어서 리 아주머니는 짐이 가득 실린 스쿠터를 타고 톈탄둥먼(天坛东门)으로 와서 합창단 팀원들이 오길 기다립니다. 차에는 스피커 설비와 파라솔, 팀 패넌트, 물 등이 실려 있습니다.

합창단 노래 시작 전 여유시간이 있어 리 아주머니와 같은 광장무 팀원들은 함께 새로 연습하고 있는 《샤오핑궈(小苹果)》•••를 연습해 보기로 했습니다. 사람이 적어서 리 아주머니는 포터블 미니스피커를 사용합니다. 리 아주머니와 팀원들이 무아지경으로 춤을 추자, 뒤에서 보고 있던 한 아주머니도 따라서 춤을 추기 시작합니다.

지난 주, 리 아주머니는 팀을 인솔하여 광장무 시합에 참가했고, 인도 춤으로 팀 우승을 차지하였습니다. 결승전에서는 6개 팀이 히트곡 《샤오핑궈》를 추는데 춤 동작에 제한이 없어, 리 아주머니는 이틀 동안 춤을 다시 짜서 완전히 새로운 《샤오핑궈》로 결승 무대에 오를 계획입니다.

《샤오핑궈》 연습이 끝나고 리 아주머니는 바로 백성합창단 업무에 열중합니다. 사회를 맡은 아주머니는 열정으로 가득 차 있습니다.

리 아주머니의 스케줄은 매일 빡빡합니다. 집의 노인과 아이들을 돌보는 것 외에 광장무도 추고, 노래도 하고 수영도 해야 합니다. 그녀는 "나이가 들수록 건강의 중요성을 깨닫게 되요. 지금의 저는 예전보다 많이 날씬해졌고 몸도 건강하답니다. 어렸을 때부터 노래하고 춤추는 걸 꿈꿔왔는데, 그때는 여건이 되지 않았죠. 퇴직 후에 이런 것들을 하니 매우 즐겁고 알차요."라고 말합니다.

••• **《小苹果(샤오핑궈)》**
유행하는 대중가요로 템포가 빠르고 가사가 입에 착 달라붙어 최근 가장 인기 있는 광장무 음악이다.

주요 문법 Real 풀이

1 不仅…还… ~일 뿐만 아니라 또 ~하다

'不仅…还…'는 접속사로 점층관계를 나타내며 앞절의 의미를 기초로 뒷절의 정도가 더욱 심화됨을 나타낸다. '不仅' 대신에 '不仅仅'으로 바꿔서도 되고 '还' 대신에 '而且 érqiě' 또는 '也'를 써도 된다.

李阿姨不仅是这片广场舞的发起人，还负责领舞、教舞，……。

~일 뿐만 아니라 ~하다

▸ 有些鲜花不仅能看，而且还能吃。
어떤 꽃들은 관상으로도 할 수 있지만 또한 먹을 수도 있다.

▸ 这条购物街很有名，不仅东西多，价格也不高。
이 쇼핑거리는 유명한데, 물건이 많을 뿐만 아니라 가격도 비싸지 않다.

2 于 ~에, ~에서

'于'는 전치사이지만 일반적으로 동사 뒤에 사용되어 시간, 장소, 대상 등을 나타낸다.

每人每年交的二十元会费，主要用于音响的保养和更换。

회비를 내다 ~에 사용되다

▸ 游泳有助于减肥。
수영은 다이어트에 도움이 된다.

▸ 有些人非常乐于接受别人的批评和建议。
어떤 사람들은 다른 사람들의 비판과 제안을 받아들이는 것을 매우 즐거워한다.

鲜花 xiānhuā 명 생화, 꽃 | **接受** jiēshòu 동 받아들이다 | **批评** pīpíng 명 비평, 비판 | **建议** jiànyì 명 건의, 제안

3 由 ~로부터

전치사 '由'는 시간, 장소 혹은 발전, 변화의 기점 또는 원인, 행위의 주체 등을 나타낸다.

音响设备也由以前的迷你小播放器升级成了大播放器。

~로 부터 ~이 되다

▶ 剩下的一切就都由你来安排。 [행위의 주체]
남은 것들 모두 다 당신이 계획해요.

▶ "积少成多"这个词语的意思是说，只要坚持积累，就能由少变多。 [발전의 기점]
'티끌 모아 태산' 이 어휘는 그저 모으는 것을 지속하면 적은 것으로부터 많게 변할 수 있다는 뜻이다.

4 把 ~을, ~를

'把'는 '~을, ~를'이라는 의미를 나타내는 전치사로, 목적어를 술어 앞으로 도치시켜 동작의 처리나 결과를 나타내는 데 사용된다. 흔히 '把 처치구문'이라고 하는데 이때 '처치'는 동작의 '처치, 처리'가 아닌 '处置' 즉, '사역'의 의미를 나타낸다.
'把 처치구문'에서 '把' 뒤에 오는 명사는 반드시 특정한 것이어야 하며 동사는 단독으로 쓸 수 없고, 뒤에 반드시 처리나 결과를 나타내는 기타성분(결과, 방향보어, 중첩, 了/着 등)이 붙어야 한다.

每天跳舞前李阿姨会先把歌舞编排好，准备好音乐。

~을, ~를 [(동사 뒤에 쓰여 보어로) 동작의 완성을 나타냄]

▶ 我不小心把护照忘在出租车上了。 [기타성분 : 在出租车上了]
나는 실수로 여권을 택시에 두고 내렸다.

▶ 他把房子卖了。 [기타성분 : 了]
그는 집을 팔았다.

剩下 shèngxià 동 남다, 남기다 | 一切 yíqiè 명 모든 것 | 积累 jīlěi 동 쌓다

1 结束 VS 完成

	结束 jiéshù 동 끝나다, 마치다	**完成** wánchéng 동 완성하다, (예정대로) 끝내다
차이점	'가장 마지막 단계까지 진행되어 더 이상 계속되지 않고 완전히 끝나다'의 의미를 나타낸다. 예 音乐会已经结束了。 음악회는 이미 끝났다.	'원래 정했던 계획·목표 등이 이미 실현되다'의 의미를 나타낸다. 예 那个学生只用半个小时就完成了作业。 그 학생은 그저 30분만에 숙제를 끝냈다.
搭配	战争(전쟁)…, 会议(회의)…, 寒假(겨울방학)…, 学期(학기)…, 考试(시험)…, 比赛(경기)…	…任务(임무), …计划(계획), …学业(학업), …工作(일), …项目(프로젝트)

2 参加 VS 参与

	参加 cānjiā 동 참가하다, 참여하다	**参与** cānyù 동 참여하다, 가담하다
차이점	'어떤 조직, 활동에 참가하다'의 의미를 나타낸다. 예 你怎么不参加这次长跑比赛? 당신은 어째서 이번 장거리 달리기 시합에 참가하지 않는 거죠?	주로 문어체에 많이 쓰이며 '어떤 활동에 참여하다'는 뜻으로 목적어는 '공식적인 활동'이 주로 온다. 예 杜甫参与了诗歌改革。 두보는 시가 개혁에 참여했다.
搭配	…会议(회의), …晚会(저녁모임), …婚礼(혼례), …考试(시험), …比赛(경기), …革命(혁명)	…讨论(토론), …工作(일)

诗歌 shīgē 명 시, 시가 | **改革** gǎigé 명 개혁 | **刺激** cìjī 동 자극하다 | **演讲** yǎnjiǎng 명 강연, 연설 | **鼓励** gǔlì 명 격려 | **勇气** yǒngqì 명 용기

3 体会 VS 体验

	体会 tǐhuì 명동 체득(하다), 이해(하다)	体验 tǐyàn 명동 체험(하다)
공통점	모두 동사로 '체험하다, 느끼다'라는 뜻을 가지고 있다.	
차이점	① 사람의 생각과 감정에 주로 사용된다. 예 你体会过自由的感觉吗? 당신은 자유의 느낌을 느껴본 적이 있나요?	① 실제 경험을 통해서 인식하고 이해하는 것을 가리킨다. 예 看别人滑雪那么刺激， 我真想去体验一下。 다른 사람들이 스키를 그렇게나 짜릿하게 타는 것을 보면 나도 정말 가서 체험해 보고 싶다.
	② 명사로도 사용 가능하여 '체득, 이해'라는 뜻을 나타낸다. 예 我刚开始学滑雪的时候，最大的体会就是停不下来。 내가 막 처음 스키를 배웠을 때 가장 크게 체득한 것은 바로 멈출 수가 없다는 것이었다.	② 명사로도 사용 가능하여 '체험'이라는 뜻을 나타낸다. 예 元旦有一个中国文化体验活动。 원단에는 중국문화 체험행사가 있다.

4 充实 VS 充满

	充实 chōngshí 형 충실하다, 풍부하다 동 충실하게 하다, 보강하다	充满 chōngmǎn 동 가득 차다, 충만하다
차이점	① 형용사로 '충실하고 풍부하다'의 의미를 나타낸다. 예 他认为一场成功的演讲，事前须有充分的准备，内容才会充实。 그는 성공적인 강연은 사전에 반드시 충분한 준비가 있어야만 내용이 충실할 수 있다고 생각한다. ② 동사 용법으로도 사용할 수 있으며 '풍족하게 하다'는 의미를 나타낸다. 예 王经理的工作能力，充实了我们公司的力量。 왕 팀장님의 업무 능력은 우리 회사의 역량을 충실하게 하였다.	동사로 '가득한 상태'를 나타내며 목적어는 주로 추상적인 것이 온다. 예 朋友的鼓励让他充满了勇气。 친구의 격려는 그로 하여금 용기가 충만하게 했다.
搭配	内容(내용)…, 活得(살다)…, …力量(힘), …自己(스스로)	…智慧(지혜), …气氛(기분), …同情(공감), …挑战(도전), …想象力(상상력)

중국 부녀자들의 광장무

새벽과 저녁의 공원, 광장, 주차장 등 넓은 공공장소에서는 늘 한 무리의 사람들이 음악에 맞춰 춤추는 것을 볼 수 있는데, 이것이 바로 현재 중국에서 점점 보편화되고 있는 광장무입니다.

광장무의 참여자는 대부분 퇴직한 중·노년의 부녀자들로 그녀들은 가족들을 보살피는 여유시간에 공원이나 광장에서 자신이 가져온 스피커를 놓고 춤을 춥니다. 이렇게 운동도 하고, 일상을 얘기하기도 하고, 또 자신을 뽐내기도 합니다. 광장무의 규모는 큰 것도 있고 작은 것도 있습니다. 작게는 3~5명이고, 많게는 몇 십 명, 심지어 몇 백 명이기도 합니다. 음악의 선택에 있어서 광장무는 템포가 빠르고 대중적이면서도 쉬운 유행음악과 민족음악을 위주로 합니다. 중국 남녀 2인 혼성그룹 '펑황추안치(凤凰传奇)'의 노래는 광장무 애호가들 사이에서 매우 인기 있습니다. 《샤오핑궈(小苹果)》, 《아름다운 처녀(美丽的姑娘)》 등의 노래도 최근 비교적 유행하는 광장무 음악입니다. 광장무는 내용이 풍부하고 형식이 다양한데 사전에 미리 짠 것도, 즉흥적으로 추는 것도 있으며, 인터넷에서 배운 것도, 춤을 리드하는 사람들이 직접 짠 것도 있습니다.

중국의 각지에서 활약하고 있는 광장무는 외국사람들의 시선을 끌기도 하였습니다. 2016년 3월, 프랑스 스타 소피마르소는 광저우(广州)의 행사 참가 시, 비행기에서 내리자마자 현지의 광장무 팀에 참여하여, 노래에 따라 즐겁게 춤을 췄습니다. 광장무는 오락과 신체운동으로서 피로를 해소하고 감정을 조절하는 작용을 합니다.

광장무 부녀자들은 그녀들이 춤을 추는 것은 생활의 즐거움과 건강을 유지하기 위함이라고 이야기합니다. 어느 60여 세의 참여자가 말하길, 광장무를 추는 것은 자신을 젊다고 생각하게 만들며, '광장이 있는 곳이면 춤을 춰서' 제한을 많이 받지 않는다고 하였습니다. 또 다른 참여자는 "춤을 추고 나면 기분이 좋고, 모든 고민도 잊어버린다"고 하였습니다.

본문에 나왔던 《小苹果(샤오핑궈)》는 국가 체육총국이 전국적으로 선보인 12세트의 광장무 중 하나로, 리듬이 빠르고 동작이 간단하여 모든 사람에 적합한 광장무입니다. 원곡은 '筷子兄弟(젓가락 형제)'가 부른 노래로 굉장한 인기를 끌었던 노래입니다. QR코드를 스캔해서 광장무 《小苹果》를 감상해 보세요.

《小苹果》

작사·작곡: 王太利　　노래: 筷子兄弟

가사

我种下一颗种子　내가 씨앗 하나를 심었어
终于长出了果实　마침내 열매를 맺었어
今天是个伟大日子　오늘은 위대한 날이야
摘下星星送给你　별을 따서 너에게 주고
拽下月亮送给你　달을 끌어다 너에게 줄게
让太阳每天为你升起　매일 태양이 널 위해 뜨게 할게
变成蜡烛燃烧自己，只为照亮你　촛불이 되어 나를 불태워 너만을 위해 비출게
把我一切都献给你，只要你欢喜　내 모든 걸 다 너에게 바칠게, 너만 즐겁다면
你让我每个明天都，变得有意义　너는 나의 내일을 의미 있게 해줘
生命虽短爱你永远，不离不弃　삶은 짧지만 너를 영원히 사랑할게, 포기하지 마
你是我的小呀小苹果儿　너는 나의 작디작은 사과
怎么爱你都不嫌多　아무리 사랑해도 모자라
红红的小脸儿温暖我的心窝　발그레한 작은 얼굴을 보면 내 마음도 따뜻해져
点亮我生命的火 火火火火火　내 생명의 불을 환하게 밝혔어 불불불불
你是我的小呀小苹果儿　너는 나의 작디작은 사과
就像天边最美的云朵　하늘의 가장 아름다운 구름송이 같아
春天又来到了花开满山坡　봄이 다시 오고 언덕에 꽃이 만발했어
种下希望就会收获　희망의 씨앗을 심어 곧 수확할 수 있어

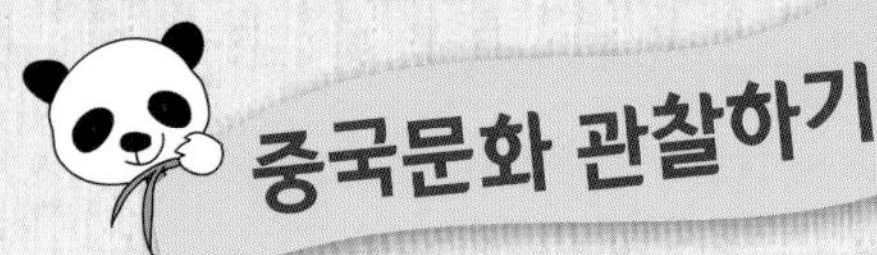

중국의 광장무

광장무는 무용예술 중 가장 방대한 계통으로, 대부분 광장에 모여서 하기 때문에 광장무라는 이름을 얻게 되었습니다. 오락과 공연성이 하나로 융합되어, 단체무용을 주요 형식으로 하고 몸과 마음을 즐겁게 하는 데 그 주요 목적이 있습니다. 광장무는 주민들이 건강을 목적으로 광장, 공터 등 넓은 공간에 자발적으로 모여서 진행되는 리듬감이 강한 춤으로 하이 데시벨의 박자가 빠른 음악을 선택합니다. 광장무의 내용에는 보편적으로 체조와 춤의 원소가 같이 섞인 경우가 많으며, 민족춤, 현대 춤, 힙합, 라틴 댄스 등도 있습니다.

얼마 전 중국에서 광장무 애호가 1만 8천 여 명이 함께 춤을 춰 기네스 기록을 경신하기도 하였습니다. 2016년 중국 국가체육총국이 발표한 자료에 따르면 광장무를 즐기는 사람이 전국적으로 1억 2천만 명이 넘는다고 합니다.

그러나 최근 이 광장무가 사회적 논란을 일으키고 있습니다. 그 이유는 바로 소음으로, 수십 명이 스피커를 틀어놓고 춤을 추다 보니 인근 학교의 수업이 방해를 받거나, 아파트 주민들이 소음에 시달려 자주 민원을 제기하고 있기 때문입니다. 또 이른 새벽이나 늦은 밤에 일부 도로를 점거하여 경찰들이 봉변을 당하는 경우도 있다고 합니다.

또한 이 광장무가 세대차이를 야기하여 젊은층들은 이 광장무를 과거 문화대혁명 시기의 집안 체조에 빗대어 비난하며, 공원이나 광장에서 가벼운 운동이나 산책을 하려는 젊은 세대와 충돌이 잦아져 젊은층의 반발 심리가 급속하게 확산되고 있습니다. 이에 중국 당국은 광장무 관련 규정을 만들어 단속하기 시작하였다고 하지만, 광장무 열풍을 식히기에는 광장무 관련 물품의 시장규모가 이미 무시할 수 없을 정도로 커져서 광장무는 중국 사회 내 세대 갈등의 뇌관이 되어가고 있습니다.

UNIT

05

什刹海三轮车夫

스차하이의 인력거꾼

학습 내용

• 46세의 차오쥔라이는 영어를 좋아해서 베이징 스차하이의 인력거꾼이 되었습니다. 비록 일은 고되지만 그는 이 일에서 즐거움을 느끼고 있습니다.

학습 목표

• 베이징의 명소인 스차하이의 인력거꾼의 삶에 대해 알아보고, 베이징의 명소이자 문화의 산실인 후통(옛 골목)에 대해 알아보도록 합니다.

스차하이의 인력거꾼

46세의 차오쥔라이(曹俊来)는 베이징 스차하이(什刹海)의 인력거꾼입니다. 2005년 실업한 그는 돈을 벌어 가족을 부양하기 위해 홀로 고향을 떠났고, 자신의 영어에 매우 자신 있어 베이징으로 와 기회를 찾아 스차하이* 관광명소의 인력거꾼이 되었습니다.

매일 아침 7시, 차오쥔라이는 자전거를 타고 6㎡의 월세방을 떠나 자전거들이 늘어서 있는 곳으로 옵니다. 일을 시작하기 전, 반드시 해야 할 일은 자신의 '0052호' 인력거를 깨끗이 닦고 타이어에 바람을 넣는 것입니다. 이어지는 11시간 동안 그는 스차하이의 관광지도를 들고 관광객을 끌어 모아 손님을 태우고 옛 베이징의 후통(胡同, 옛 골목)과 궁왕푸(恭王府)**, 호우하이(后海)*** 등 관광명소를 둘러보면서 소개하는 것이 그의 주된 하루 업무입니다.

차오쥔라이의 눈에는 인력거꾼은 육체노동일 뿐만 아니라 후통의 '살아 있는 명함'입니다. 부단히 영향을 받아들이고, 자신의 자질을 향상시켜야지만 중국의 문화를 세계 각국의 여행객들에게 더욱 잘 소개할 수 있습니다.

*** 什刹海**(스차하이)
베이징시 시청구(西城区)에 위치하고 있으며 베이징시의 중축선과 인접해 있다. 베이징 도시 내 유일하게 광활한 호수가 있는 개방형 관광명소이자 베이징 도시 내 최대면적의 경치 보존이 가장 완벽한 역사거리이다.

**** 恭王府**(궁왕푸)
청나라 때 규모가 가장 큰 왕족의 주거공간으로 1851년 공친왕 이신(奕䜣)이 이 저택의 주인이 되어 궁왕푸의 명칭이 이것에서 유래되었다. 궁왕푸는 청나라 전성기부터 멸망까지의 역사과정을 겪으며 매우 풍부한 역사문화 정보를 갖추고 있다. 그리하여 '궁왕푸 한 채가 청나라 역사의 절반이다'라는 말이 있다.

***** 后海**(호우하이)
스차하이를 구성하는 부분으로, 스차하이는 첸하이(前海), 호우하이(后海), 시하이(西海) 3개의 호수로 구성되어 있다. 베이하이(北海), 중하이(中海), 난하이(南海)로 구성된 '첸싼하이(前三海)'와 구별하기 위해 '호우싼하이(后三海)'라고도 불린다.

차오쥔라이는 항상 일하는 틈틈이 영어 가이드 수첩을 읽고, 일 외의 여유시간에는 영어와 스차하이의 민속과 역사를 공부합니다. 영어로 외국 여행객들과 교류하고 그들에게 관광명소를 소개하는 것은 그에게 있어 거의 아무런 문제가 되지 않습니다. 매일 다른 국가에서 온 사람들과 교류할 수 있는 것은 그가 이 일에 매료된 중요한 원인 중 하나입니다.

손님이 없을 때 그는 다른 인력거꾼과 한담하는 것을 좋아합니다. 재미있는 이야기를 하면 그는 하하 하고 크게 웃습니다.

이 일의 노고에 대해 말하자 그는 "인력거꾼은 비바람을 맞고 무더위와 추운 겨울을 견뎌야 해요. 가끔 바쁘면 하루에 20여 차례 손님을 태워야 해서 점심 먹을 시간도 없어요. 이 일은 비록 고생스럽고 힘들지만, 매달 4,000~5,000위안을 벌 수 있고, 제가 좋아하는 영어도 쓸 수 있어 제 삶에 이미 매우 만족합니다."라고 말했습니다.

주요 문법 Real 풀이

1 并 그리고, 또

'并'은 접속사로, '그리고, 또'의 의미를 나타내며 동사와 동사가 연결되는 구문에 사용된다. 주로 '동사1+并+동사2' 형식으로 쓰이는데, 동사1이 먼저 발생한 것, 동사2가 동사1 이후에 발생한 것이다.

出车前必做的一件事是将自己的"0052号"三轮车擦拭干净并打足气。

~을, ~를(=把) [동작1] 그리고 [동작2]

▶ 有一天，朋友把一张画儿拿给我看并问我。
하루는 친구가 그림 한 장을 나에게 보여주면서 물었다.

▶ 请大家拿好手中的票，按顺序进场，并按照自己的座位号坐好。
모두들 손에 있는 표를 잘 가지고 순서대로 입장하세요. 그리고 자신의 좌석번호에 따라 앉으세요.

2 不仅仅…更… ~할 뿐만 아니라 더욱 ~하다

'不仅仅…更…'은 접속사로 점층관계를 나타내며 '不仅仅' 대신에 '不但', 혹은 '不仅'으로 바꿔 쓸 수 있으며, '更' 대신에 '而且 érqiě', '还 hái', '甚至 shènzhì'로 바꿔 쓸 수 있다. '更' 뒤에 오는 내용은 앞의 내용보다 더 심화된 내용을 나타낸다.

在曹俊来眼里，三轮车夫不仅仅是体力活儿，更是……"活名片"。

~의 눈에 ~할 뿐만 아니라 더욱 ~하다

▶ 这是因为网上的信息不仅多，而且大部分是免费的。
이것은 인터넷상에 정보가 많을 뿐만 아니라 대부분 무료이다.

▶ 我的房东不仅对中文感兴趣，甚至对中国历史也很有见解。
나의 집주인은 중국어에 관심 있을 뿐만 아니라, 심지어 중국 역사에도 매우 일가견이 있다.

按照 ànzhào 전 ~에 따라, ~대로 | **顺序** shùnxù 명 순서 | **信息** xìnxī 명 소식, 정보 | **免费** miǎnfèi 동 무료로 하다 | **房东** fángdōng 명 집주인 | **见解** jiànjiě 명 견해, 의견

3 只有…才… ~해야지만 그제서야 ~하다

'只有…才…'는 종속관계를 나타내며 어떤 유일한 조건에서만 결과가 발생함을 나타낸다.

只有不断地汲取营养，……才能更好地将文化介绍给世界各地的游客。

끊임없이 / ~해야지만 그제서야 ~하다 / ~을 ~에게 소개시켜주다

▶ 有句话叫"眼见为实"，是说只有眼睛看到的才是真的。
'眼见为实'라는 말은 눈으로 본 것만이 진짜라는 것을 말한다.

▶ 我觉得读完一本书后只有经过总结，才能真正读懂一本书。
내 생각에는 책 한 권을 다 읽은 후에 정리를 해야지만 진정으로 책 한 권을 읽고 이해했다고 생각한다.

4 连…也… 심지어 ~도 역시 ~하다

'连…也…'는 '심지어 ~도 역시 ~하다'라는 뜻으로 점층의 의미를 나타낸다. '也' 대신에 '都 dōu'를 사용할 수 있다.

有时忙起来一天要拉二十多趟活儿，连午饭也顾不上吃。

가끔 / [시작하여 계속됨] / 심지어 ~도 역시 ~하다 / 돌볼 틈이 없다

▶ 我最近天天加班，连周末也没法休息。
나는 최근 매일 야근하는데, 심지어 주말도 쉴 수가 없다.

▶ 昨天我太困了，连作业都没写就睡了。
어제 나는 너무 졸려서 심지어 숙제도 못 하고 잤다.

眼见为实 yǎnjiàn wéishí 눈으로 본 것이 확실하다 | **总结** zǒngjié 동 총괄하다 | **读懂** dúdǒng 동 (글의 의미를) 읽고 이해하다

1 为了 VS 为

	为了 wèile 전 ~을 위하여	为 wèi 전 ~을 위하여
공통점	모두 동작이나 행위의 목적, 원인을 나타낸다.	
차이점	대부분 동작과 행위의 목적을 나타내며 '为了+명사/동사/구'의 형태로 술어 앞에 놓이기도 하지만 주로 문장 맨 앞에 위치한다. 예 为了鼓励大家多运动，丰富大家的生活，公司决定于下个月三十号举办春季运动会。 모두들 더 많이 운동하게끔 격려하고 생활을 풍요롭게 하기 위하여 회사는 다음 달 30일 춘계운동회를 개최하기로 했다.	대부분 동작과 행위의 원인을 나타낸다. '为+명사'로 이루어진 전치사구는 일반적으로 술어 동사 앞에 위치한다. 예 社会企业家为理想而奋斗，肩负着企业责任。 사회기업가는 이상을 위해 분투하고, 기업의 책임을 어깨에 짊어지고 있다.

2 辛苦 VS 艰苦

	辛苦 xīnkǔ 형 고생스럽다, 수고롭다	艰苦 jiānkǔ 형 고달프다, 힘들고 어렵다
차이점	'고생스럽다, 고되다'라는 의미로 주관적인 느낌을 강조한다. 예 之前的辛苦总算没有白费。 이전의 고생이 결국 헛되지 않았다.	객관적으로 환경이 열악하거나 어려움을 강조한다. 예 学习是一个艰苦的过程。 공부는 하나의 어려운 과정이다.
搭配	…工作(일), …奔波(뛰어다니다)	…奋斗(분투), …创业(창업), 条件(조건)…

鼓励 gǔlì 동 북돋우다, 격려하다 | **驱动** qūdòng 명 움직이게 하다, 추진하다 | **肩** jiān 명 어깨 | **负** fù 동 (책임을) 지다 | **责任** zérèn 명 책임 | **总算** zǒngsuàn 부 마침내, 겨우 | **白费** báifèi 동 허비하다

3 趟 VS 回

	趟 tàng 양 차례, 번	回 huí 양 번, 차례, 회
차이점	① 오고 간 횟수, 즉 왕복한 횟수를 나타낸다. 예 家里没有啤酒了，我去趟超市。 집에 맥주가 없네요. 저 슈퍼 좀 다녀올게요.	① 일반적으로 동작의 횟수를 세는 데 사용된다. 예 这件事，我听过一回。 이 일은 내가 한 번 들은 적이 있다.
	② 명량사의 용법이 없다.	② 명사를 수식하는 명량사로도 사용할 수 있다. 예 你怎么回事? 너 어떻게 된 거야?

4 满足 VS 满意

	满足 mǎnzú 형 만족하다 동 만족시키다	满意 mǎnyì 형 만족하다, 만족스럽다
공통점	모두 염원이 이루어지거나 매우 만족함을 느낀다는 의미를 나타낸다.	
차이점	이미 충분하여 더 이상 바라는 바가 없다는 것에 중점을 두며, 대부분 추상적인 요구나 희망 등을 나타내는 단어와 결합된다. 예 销售员以自己对商品的了解，满足顾客内心的需求。 판매원들은 상품에 대해 스스로 이해한 바를 가지고 고객의 마음속 요구를 만족시킨다.	자신의 마음에 부합된다는 의미로 구체적인 사람이나 일, 상황 등에 대한 자신의 느낌을 나타낸다. 종종 전치사 '对'를 사용하여 대상을 앞에 놓는다. 예 我对他们装修方案里的进度安排不是很满意。 나는 그들의 인테리어 방안의 진도 계획에 만족하지는 않는다.
搭配	…需要(필요), …要求(필요), …条件(조건)	对他(그에게)…, 对事情(일에 대해)…

装修 zhuāngxiū 명 인테리어 | 进度 jìndù 명 진도

베이징의 후통

만약 고궁(故宫), 톈탄(天坛), 이허위안(颐和园) 등 명승고적이 베이징의 혈액이라면, 후통은 베이징의 근육과 뼈입니다. 베이징의 후통은 사방으로 통하고, 가로세로로 교차되며 베이징 구시가지의 모든 구석에 분포되어 있습니다. 이 후통들은 일찍이 천자와 제후, 귀족, 명인과 거상의 거주지였으나 현재는 오히려 일반 서민들이 살고 있습니다. 이 회색 벽과 기와의 낡은 골목에는 말로 다 할 수 없는 무궁무진한 이야기가 있습니다.

베이징의 비교적 유명한 후통 중 난뤄구샹(南锣鼓巷), 스차하이(什刹海), 우다오잉(五道营) 일대는 젊은이들이 가장 좋아하는 곳으로 구로우(鼓楼) 일대의 옌따이셰제(烟袋斜街), 마오얼후통(帽儿胡同)은 쇼핑과 쓰허위엔(四合院, 사합원)을 구경하기 좋은 곳이고, 시쟈오민샹(西交民巷)은 100년의 역사가 있는 은행 옛 거리이며, 동쟈오민샹(东交民巷)은 옛 베이징의 가장 긴 후통입니다. 그리고 리우리창(琉璃厂)과 링징후통(灵境胡同), 진위후통(金鱼胡同), 첸스후통(钱市胡同) 등이 있습니다. 베이징의 후통은 수없이 많아, 그 중 분명 당신이 좋아할 만한 후통이 있을 것입니다.

자전거를 타고, 베이징의 후통 사이를 지나다니면서 난루어구샹의 개성 있는 가게로 가서 한 바퀴 돌고, 정교하고 유행하는 프라이빗 키친에 가서 한 끼 식사를 하면 원나라 때부터 시작하여 지금까지 보존이 완벽한 옛 거리에서 당신은 과거와 현대의 융합, 전통과 유행의 충돌을 느끼게 될 것입니다. 스차하이는 청나라 때부터 유흥을 즐기고 더위를 피하는 곳이었으며 옌징(燕京, 베이징의 옛 이름)의 뛰어난 경치 중 하나입니다. 이곳에서 당신은 술을 마시고 배를 타고 놀며, 호수와 산의 아름다움을 감상할 수 있고, 미식 탐방과 후통 인가에서 숙박하며 쉽게 체험할 수 없는 자연경관과 인문고적이 서로 어우러진 눈부신 광경을 느낄 수 있을 것입니다. 만약 중국의 골동품에 흥미가 있다면 옌따이셰제는 매우 좋은 선택입니다. 이곳은 청나라 때부터의 담배도구, 골동품, 서화, 문구를 위주로 판매하고 있고, 건축의 스타일이 소박하여, 한가할 때 미식 탐방을 하거나 골동품을 구경하고 낡은 건물들을 감상하기에 좋은 곳입니다.

베이징의 후통은 더 많고, 후통의 이야기는 더욱 많습니다. 만약 후통에 관심이 있고 시간도 있다면, 카메라를 들고 배낭을 메고 후통에서 '길 잃는' 즐거움을 체험해 보세요!

《北京欢迎你(베이징은 당신을 환영합니다)》는 베이징 올림픽 100일 카운트다운 기념 노래로 100명의 연예인 및 가수가 노래한 것으로 유명하며, 노래는 총 6분, 제목은 베이징 마스코트 이름의 앞 글자를 따서 만들었습니다. 아래의 QR코드를 스캔하여 2008년 베이징 올림픽 기념 노래인 《北京欢迎你》를 감상해 보세요.

《北京欢迎你》

작사: 林夕　　작곡: 小柯

발표일: 2008년 4월 17일

가사

迎接另一个晨曦，带来全新空气 또 다른 아침을 맞이하면서, 새로운 공기를 가져다 주네요.
气息改变情味不变，茶香飘满情谊 숨결은 다르지만 정만은 변치 않아 차향에도 정이 가득 넘쳐 흘러요.
我家大门常打开，开放怀抱等你 우리 집 대문은 항상 열려 있고, 팔을 벌려 당신을 기다리고 있습니다.
拥抱过就有了默契，你会爱上这里 포옹해 봐야 서로 비밀이 생기고, 당신은 이곳을 사랑하게 될 거예요.
不管远近都是客人请不用客气 멀리 있든 가까이 있든, 당신들은 모두 저희의 손님이니 편히 지내세요.
相约好了在一起，我们欢迎你 함께 하기로 약속했잖아요. 우리들은 당신을 환영합니다.
我家种着万年青，开放每段传奇 우리 집에는 만년청이라는 나무를 심었죠. 매번 기적을 펼쳐낸답니다.
为传统的土壤播种，为你留下回忆 전통의 토양 위에 씨를 뿌려 당신에게 아름다운 추억을 남겨줄게요.
陌生熟悉都是客人请不用拘礼 익숙하든 아니든 다 저희의 손님이니 격식 안 차려도 됩니다.
第几次来没关系，有太多话题 몇 번 왔었는지는 상관없어요. 너무 많은 말들이 남아 있잖아요.

北京欢迎你，为你开天辟地 베이징은 당신을 환영합니다. 당신을 위해 천지가 개벽했어요.
流动中的魅力充满着朝气 움직임 속에 매력과 생기가 넘쳐나네요.
北京欢迎你，在太阳下分享呼吸 베이징은 당신을 환영합니다. 저 태양 아래에서 같은 숨을 쉬어요.
在黄土地刷新成绩 이 땅에서 새로운 성적을 갱신합시다.

(반복)

베이징의 유명 후통

베이징의 후통은 매우 많아서 "有名的胡同三千六，没名的胡同赛牛毛。(이름을 가진 후통은 3,600개, 이름 없는 후통은 소털처럼 많다.)"라는 말이 있습니다. 이 중 베이징의 유명 후통에 대해서 알아봅시다.

- 南锣鼓巷(난뤄구샹): 베이징에서 가장 오래된 후통으로 원나라 때의 도성과 동시기에 지어졌으며 약 800여 년의 역사를 지니고 있습니다. 원래 상점이 많지 않은 조용한 후통이었으나 최근에 새로운 문화명소로 떠올라 특색 있는 분위기의 카페나 식당이 많이 들어서고 있어 여행자뿐만 아니라 베이징의 젊은이들에게 각광받는 곳입니다.
- 五道营(우다오잉): 젊은 여성들 사이에서 핫플레이스로 떠오르는 곳으로, 한국의 가로수길 같은 카페거리입니다. 베이징에서 반드시 가봐야 할 10대 후통 중 하나로, 명나라 때 성을 수비하던 병사들의 거주지였는데, 이것으로부터 이름이 유래되었습니다.
- 烟袋斜街(옌따이셰제): 청나라 때 이곳에 담뱃대 판매점들이 모여들면서 이름을 얻게 되었습니다. 300m 밖에 안 되는 작은 후통이지만, 현재는 기념품, 공예품, 차 등을 파는 곳이 많이 생겼습니다.
- 帽儿胡同(마오얼후통): '南锣鼓巷'과 연결되어 있으며 청나라 때 이곳에 모자를 만드는 공장이 있어 이름을 얻게 되었습니다. 골목 내 여러 채의 사합원 건물이 잘 보존되어 있습니다.
- 金鱼胡同(진위후통): 동서로 뻗은 후통으로 서쪽은 왕푸징 거리와 연결됩니다.
- 钱市胡同(첸스후통): '大栅栏(다스란)' 지역에 위치해 있으며 폭이 가장 좁은 후통입니다. 넓이가 0.75m밖에 되지 않아 조금 뚱뚱한 사람이라면 숨을 참아야지만 통과할 수 있습니다.

UNIT

06

海南“洋女婿”

하이난의 ‘외국인 사위’

학습 내용

• 패트릭은 하이난에 사는 아일랜드 사람이자 하이난의 ‘외국인 사위’이기도 합니다. 하이난의 풍토와 인심은 그의 눈에 매우 매력적이어서 사진 찍기를 좋아하는 그는 카메라로 하이난의 문화를 기록합니다.

학습 목표

• 갈수록 많은 외국인들이 여행, 유학, 업무, 심지어 거주의 목적으로 중국을 찾습니다. 외국인 눈에 비친 하이난의 모습과 하이난만의 독특한 문화와 풍습 등을 알아보도록 합니다.

하이난의 '외국인 사위'

아일랜드(爱尔兰)에서 온 패트릭은 하이난(海南) 중학교의 외국인 선생님이자 하이난의 '외국인 사위'입니다.

패트릭은 세계를 돌아다니는 것을 좋아하는데, 올해 41살인 그는 일찍이 오스트레일리아, 인도네시아 등 10여 개 나라에서 공부하고 근무한 적이 있습니다. 이러한 경험은 그의 시야를 넓혀 주었고 경험을 풍부하게 해 주었습니다. 2004년 광둥(广东)에서 근무하던 패트릭은 하이난 아가씨 우샤오화(吴小花)를 만났고 둘은 2006년에 결혼했습니다. 2009년 그들은 하이난으로 돌아와 '장모님의 고향'에 뿌리를 내렸습니다.

10여 개국을 가본 적이 있는 패트릭은 많은 다른 문화를 접했는데, 하이난의 문화는 그의 눈에 매우 특별했습니다. 휴가를 이용해 패트릭은 아내와 아들과 함께 하이난의 농촌으로 가서 휴가를 보내며 하이난의 풍토와 인심을 알아가고, 사진 찍기를 좋아하는 그는 카메라로 하이난의 문화를 기록합니다.

야외에서 패트릭은 처음으로 현지인이 야생 꿀을 채집하는 모습을 보았는데 현지 주민이 야생 꿀을 채집하는 모습에 매료되어 그들과 함께 사진을 찍어 기념으로 남깁니다.

매년 정월대보름에 패트릭은 카메라를 들고 거리로 나가 '환화절(换花节)'•의 전통을 느낍니다. 이곳 하이커우시(海口市)에 일 년에 한 번 특색을 자랑하는 기념일 축제에서 패트릭은 온 동네 사람들이 거리로 나오는 기념일의 축제 장면을 직접 구경했습니다.

• 换花节(환화절)

하이난성 하이커우시 총산구(琼山区)의 특유한 민간 기념일로 수천 년의 역사를 지니고 있다. 매년 정월대보름에 사람들이 꽃을 들고 거리로 나와 서로 꽃을 교환하면서 새해인사를 나눈다.

사진 찍기를 좋아하는 패트릭이 하이난 전통극(海南戏)**에 카메라 렌즈의 포커스를 맞춰봅니다. 패트릭은 중국어를 모르기 때문에 중국 문화에 대한 많은 것들을 놓쳤지만, 하이난 전통극은 직접 눈으로 볼 수 있는 문화 현상이기에 통역 없이 직접 문화를 느낄 수 있습니다.

"하이난은 내 아내의 친정이자, 저의 집이기도 해요." 패트릭은 한 글자, 한 마디씩 아내가 방금 알려준 중국어로 하이난 섬에 대한 감정을 전합니다.

패트릭 카메라 속의 하이난 문화는 점차 풍부해지고 있으며, 하이난에서의 그의 생활도 점차 다채로워지고 있습니다. 패트릭은 하이난을 소개하는 웹사이트도 만들었는데, 2014년에만 5,000여 명의 세계 각지 여행자들이 클릭해 구경했습니다. 그는 더욱 더 많은 외국인들이 하이난에 관심을 갖고 하이난 섬으로 여행 오기를 바랍니다.

** 海南戏(하이난 전통극)
하이난다오 지방극이라고도 부르며, 하이난의 한족 민간 희곡이다. 하이난 방언으로 공연을 하며 하이난 및 광둥(广东), 광시(广西) 등의 지역에서 유행한다.

1 则 오하려, 그러나

'则'는 접속사로 복문의 뒷문장에 사용되어 앞과 뒤의 상황이 다른 대비, 역접을 나타낸다.

一个身份是……外籍教师，而他的另一个身份则是海南的“洋女婿”。

另 → 다른, 그 밖의　则 → 오히려, 그러나

▶ 老年人会选择在便于就医、锻炼身体的地方居住；青年人则喜欢选择市中心的黄金地带，交通方便，便于人际交往和上下班。
노인들은 병원과 운동이 편리한 곳에 사는 것을 선택하지만, 젊은이들은 오히려 시 중심의 황금지역, 교통이 편리하고 인간관계와 출퇴근이 편리한 곳을 선택하길 좋아한다.

▶ 蔬菜含糖量通常很低，多吃不会造成糖分摄入过多的情况。而吃太多水果，则可能出现糖分摄入过多的问题。
채소는 당분 함량이 일반적으로 낮아서 많이 먹어도 당분 섭취 과다의 상황을 야기하지는 않지만, 과일은 너무 많이 먹으면 오히려 당분 섭취 과다의 문제가 나타날 수 있다.

2 过 ~한 적이 있다 [경험]

'过'는 동태조사로 동사 뒤에 쓰여 동작이나 행위가 이미 행해졌음의 경험을 나타낸다. '동사+过'가 나타내는 동작이나 행위는 일반적으로 발화 시점에 이미 존재하지 않는 경험적인 것이다.

今年四十一岁的他曾在澳大利亚、……等十多个国家学习、工作过，

曾 → 일찍이, 이미　过 → ~한 적이 있다

▶ 他曾经想过放弃实验。 그는 일찍이 실험을 포기하려고 생각했던 적이 있다.

▶ 那位作家写过一篇关于他母亲的文章。 그 작가는 그의 어머니에 관한 글을 한 편 쓴 적이 있다.

또한 '동사+过'는 일상생활에서 행해지는 동작의 완료를 나타내는 데에도 자주 사용된다.

▶ 你的简历我刚看过。 당신의 이력서를 제가 방금 봤어요.

3 一边…一边… ~하면서 ~하다

'一边…一边…'은 두 가지 동작이 동시에 진행됨을 나타낸다.

他会与……一起深入到……农村，一边度假，一边了解……风土人情，

~와 함께 깊이 들어가다 / 한편으로 ~하고 한편으로 ~하다

▶ 当我觉得累的时候，我就找一个安静的地方，一边喝茶一边听音乐。
나는 피곤하다고 느낄 때 조용한 곳을 찾아 차를 마시면서 음악을 듣는다.

▶ 有的人一边弹着钢琴，一边又想着是不是该去游泳。结果，琴没练好，泳也没游成。 어떤 사람들은 피아노를 치면서 수영을 해야 하나 말아야 하나 생각하여 결국 피아노도 못 치고 수영도 못 하게 된다.

4 被 ~에 의하여

'被'는 전치사로, '被 구문'은 주어가 동사가 나타내는 동작의 영향을 받아 피동의 의미를 나타내는 피동문이다. 기본 형식은 '주어＋[被＋목적어]＋술어＋기타성분'이다. 이때, 주어는 행위의 대상으로 구체적이거나 특정적인 것이어야 한다.
또한 '被' 뒤에 오는 행위의 주체는 알 필요가 없거나 알 수 없는 내용일 때에 생략이 가능하다는 것을 알아두자.

他被村民采野蜂蜜的身影吸引，并与他们合影留念。

주어[행위의 대상] 전치사 목적어[행위의 주체] 술어 기타성분

▶ 电子词典的说明书被弟弟弄丢了。 [기타성분: 결과보어 丢了]
전자사전의 설명서는 남동생이 잃어버렸다.

▶ 他被一所大学录取了。 그는 한 대학교에 채용되었다. [기타성분: 조사 了]

就医 jiùyī 동 치료받다, 진찰을 받다 | **居住** jūzhù 동 거주하다, 살다 | **地带** dìdài 명 지대, 지역 | **蔬菜** shūcài 명 채소 | **糖分** tángfèn 명 당분 | **摄入** shèrù 동 섭취하다 | **录取** lùqǔ 동 채용하다, 뽑다

1 丰富 VS 丰盛

	丰富 fēngfù 형 풍부하다, 많다 동 풍부하게 하다	丰盛 fēngshèng 형 풍부하다, 성대하다
차이점	'풍부하다'는 의미를 나타내며 일반적으로 추상적인 명사와 결합해서 사용된다. 또한, 동사로 '~을 풍부하게 하다'라는 의미를 나타내기도 한다. 예 那里的小吃数量多，味道丰富，酸的、甜的、辣的都可以找到。 그곳의 먹거리 수량은 많고 맛도 풍부하다. 신 것, 단 것, 매운 것 모두 다 찾을 수 있다.	'음식물의 종류나 수량이 많다'는 의미로 추상명사와는 결합해서 사용할 수 없다. 예 他在外婆家吃了一顿丰盛的午餐。 그는 외할머니 집에서 풍성한 점심 한 끼를 먹었다.
搭配	知识(지식)…, 经验(경험)…, 内容(내용)…, 生活(생활)…, 感情(감정)…, 营养(영양)…	食物(음식)…, 饭菜(반찬)…, 宴会(연회)…, 晚餐(저녁식사)…

2 了解 VS 理解

	了解 liǎojiě 동 (자세하게 잘) 알다, 이해하다	理解 lǐjiě 명 동 이해(하다)
차이점	명확하게 안다는 의미로 목적어는 사람, 회사, 학교 혹은 일 등이 온다. 예 有些父母喜欢带孩子去听音乐会，希望他们能够早些了解艺术。 어떤 부모들은 아이들이 일찍 예술을 이해하기를 희망하여 아이를 데리고 음악회에 가서 감상하는 것을 좋아한다.	상대방의 각도에서 문제를 보고 일의 원인을 깨닫고 이해한다는 의미를 나타내며, 목적어는 대부분 사람 혹은 일이 온다. 예 我对中国文化也有了更多的了解，我现在再看京剧，理解起来也不那么困难了。 나는 중국 문화도 더 많이 알게 되어 지금 다시 경극을 보면, 이해하는 데 그렇게 어렵지 않다.

京剧 jīngjù 명 경극 [중국 주요 전통극의 하나] | **困难** kùnnan 형 곤란하다, 어렵다

❸ 感受 VS 感想

	感受 gǎnshòu 명 인상, 느낌 동 (영향을) 받다	感想 gǎnxiǎng 명 감상
차이점	명사로 쓰여, 사물을 접한 후 영향을 받아 어떤 경험이나 느낌, 감상이 생기는 것을 말한다. 또한 동사로도 쓰이는데, '느끼다, 영향을 받다'는 의미를 나타낸다. 예 来中国已经很长时间了，给大家谈谈自己的感受。 중국에 온 지 이미 오래되었는데, 모두에게 자신의 느낌을 한번 이야기해 보세요.	명사로 쓰여, 생각 또는 경험한 후에 생겨난 견해, 생각을 말한다. 예 读了这篇文章后，你有什么感想? 이 글을 읽고 난 후에 당신은 어떤 생각이 있나요?

❹ 表达 VS 表示

	表达 biǎodá 동 (생각·감정을) 표현하다	表示 biǎoshì 동 나타내다, 표시하다
차이점	생각이나 감정을 말로 설명하는 것을 말한다. 예 他诚恳地向老人表达了谢意。 그는 진심으로 노인에게 감사의 뜻을 전했다.	말이나 동작으로 설명하거나 감정 혹은 태도를 나타내는 것을 말하며, 사물의 상징적인 의미를 가리키는 데에도 사용된다. 예 干杯时，自己的杯口应该低于别人的，以表示尊重。 건배를 할 때 자신의 잔을 다른 사람보다 낮게 하는 것으로 존중을 나타낸다. 예 泛泛之交表示关系很一般。 '泛泛之交'는 관계가 보통인 것을 나타낸다.
搭配	…谢意(감사의 뜻), …思想(사상), …感情(감정)	…反对(반대), …满意(만족), …同意(동의), …祝贺(축하)

诚恳 chéngkěn 형 성실하다, 간절하다 | 尊重 zūnzhòng 동 존중하다, 중시하다 | 泛泛之交 fànfànzhījiāo 깊지 못한 교제

하이난다오: 중국 남해의 명주

중국 최남단에 위치한 하이난 성은 수많은 크고 작은 섬으로 구성되어 있습니다. 그중 하이난다오는 타이완(台湾)섬 다음으로 중국에서 두 번째로 큰 섬입니다. 하이난다오의 기후는 쾌적하고 풍경이 아름다우며 물산이 풍부하여 중국 남해의 명주라 불립니다.

하이난다오라 하면, 많은 사람들이 가장 먼저 떠올리는 것은 햇빛과 모래사장, 짙푸른 바다입니다. 독특한 자연 조건과 그림 같은 열대 풍경은 이곳을 사람들 마음속의 아름다운 휴양지와 지상 천국으로 만들었습니다. 매년, 세계 각지의 관광객들이 하이난다오로 놀러 와 푸른 하늘 아래, 모래사장에서 한가로이 거닐고, 현지의 특색 있는 맛있는 음식을 맛보며 편안하고 걱정 없는 휴가를 즐깁니다. 특히 겨울, 중국 대부분의 지방이 추울 때, 하이난다오는 여행 성수기를 맞이하여 호텔이 늘 부족합니다. 사람들은 이 작은 열대 섬으로 잇달아 찾아와 따뜻하고 편안한 겨울을 보냅니다.

많은 관광객들에게 있어, 하이난다오에 와서 반드시 가야 할 곳이 있는데 바로 산야시(三亚市)에 위치한 '천애해각(天涯海角)'입니다. 산야의 모래사장에는 두 개의 큰 바위가 있는데, 각각 '천애(天涯)'와 '해각(海角)'이라는 4개의 큰 글자가 새겨져 있습니다. 그 뜻은 하늘과 바다의 끝을 의미하는데, 전설에 따르면 커플 한 쌍이 함께 '천애해각'으로 오면 그들의 사랑이 영원하다고 하여 많은 연인들이 '천애해각'으로 와 사진을 찍어 사랑의 증거로 삼습니다.

매력적인 자연 풍경 말고도 하이난 섬에는 다채로운 지역문화가 존재합니다. 그중 하이난 전통극은 하이난 한족의 민간 희곡으로, 하이난 방언으로 공연되며 무술과 곡예 공연이 곁들여진, 하이난의 중요한 대표 문화입니다. 이 외에 하이난 섬에 생활하고 있는 많은 소수민족들도 자신들만의 독특한 전통문화를 보유하고 있는데, 예를 들어 묘족(苗族)의 민가, 여족(黎族)의 염직 등, 이러한 것들도 모두 하이난 문화를 더욱 다채롭게 만들고 있습니다.

아래의 QR코드를 스캔하여 하이난 섬을 묘사하고 하이난 섬으로 여행을 오는 것을 매우 환영한다는 노래 《请到天涯海角来(천애해각으로 오세요)》를 감상해보세요.

《请到天涯海角来》

작사: 由郑南　작곡: 徐东蔚
노래: 沈小岑　발표일: 1982년

가사

请到天涯海角来，这里四季春常在　천애해각으로 오세요. 이곳은 사계절 봄이에요.
海南岛上春风暖，好花叫你喜心怀　하이난 섬은 봄바람 따뜻하고, 예쁜 꽃이 당신을 기분 좋게 합니다.
三月来了花正红，五月来了花正开　3월이 되면 꽃이 빨갛고, 5월이 되면 꽃이 핍니다.
八月来了花正香，十月来了花不败　8월이 되면 꽃에 향기가 나고, 10월이 돼도 꽃이 떨어지지 않아요.
来呀来呀来呀，来呀来呀来呀　오세요~ 오세요~
来呀来呀，来呀来　오세요~ 오세요~

请到天涯海角来，这里花果遍地栽　천애해각으로 오세요. 이곳은 꽃이 지천이고, 가는 곳마다 열매예요.
百种水果百样甜，随你甜到千里外　백 가지 과일이 백 가지 달콤함을 뽐내며 당신을 따라 천리 밖까지 달콤해요.
柑桔红了叫人乐，芒果黄了叫人爱　감귤이 붉으니 사람들도 즐겁고, 망고가 노랗게 되니 사람들이 좋아해요.
芭蕉熟了任你摘，菠萝大了任你采　파초열매가 익으니 따기 좋고, 파인애플이 자라니 캐기 좋아요.
来呀来呀来呀，来呀来呀来呀　오세요~ 오세요~
来呀来呀，来呀来　오세요~ 오세요~

중국 하이난다오

하이난다오는 중국 레이저우(雷州) 반도 남쪽 남중국해에 있는 중국 제2의 섬으로 1988년 광동성에서 분리되어 하이난성(省)으로 독립하였습니다. 본문에서 배운 것처럼 자연적인 조건이 뛰어나 '중국의 하와이'라고 부르기도 합니다. 연평균 기온이 25℃ 이상 되는 열대지역으로 고무, 야자, 사탕수수, 후추 등이 재배됩니다.

2017년에 우리나라 농업진흥청이 일본시장에 국산 국화인 '백마' 품종을 연중 공급하기 위하여 하이난성의 열대기후를 이용해 겨울철 생산을 중심으로 시험재배를 추진하였는데, 이것이 성공함에 따라 하이난성이 일본시장 연중 수출체계를 구축하는 데 기여도가 높았다고 할 수 있습니다.

하이난다오는 여행을 오는 관광객들이 매우 많은데, 우리나라에는 골프 여행지로 많이 알려져 있어 골프 여행지로 손꼽히기도 합니다.

하이난성은 이처럼 여행지로 유명하기도 하지만 중국에서는 경제특구지역이기도 합니다. 따라서 중국 정부에서는 하이난성을 경제특구로 발전시키기 위해 공항, 항만, 기초 인프라 설비 등을 구축하고 있습니다.

2017년에는 하이난성과 관련된 신조어 '琼漂族(qióngpiāozú 하이난에 빈손으로 와서 자력으로 열심히 일하는 사람들)'가 생겨났는데, 이것은 하이난성이 여행특구이자, 경제특구지역이기에 일자리가 많을 것이라 생각하여 대규모의 사람들이 하이난성으로 몰려들고 있다는 것을 반영합니다. 이렇게 하이난성에 사람들이 많아지면서 전에 없던 차량 정체 문제도 생겨나고 환경도 오염되는 등의 '人满为患(사람이 너무 많아서 탈이다)' 문제가 발생하고 있는 실정입니다.

UNIT

07

北漂女歌手的24小时

베이피아오 여가수의 24시간

학습 내용

• 웨이쟈이는 Bar에서 가수도 하고, 오디션에도 참가한 적이 있습니다. 노래 부르는 것을 매우 사랑하는 그녀는 결국 베이징에 남아 생활하면서 자기의 꿈을 실현하기로 결정했습니다.

학습 목표

• '北漂'는 성공을 위해 베이징으로 올라와 떠도는 것을 가리킵니다. 베이징 호적을 갖지 못한 무주택자들의 베이징 생활과 더불어 꿈을 위해 노력하는 중국 20대 청년들의 삶을 알아보도록 합니다.

베이피아오 여가수의 24시간

– 오전 9:30, 좁은 화장실 안에서, 웨이쟈이는 헤어드라이기로 축축한 머리를 말리고 있습니다.

공연이 없으면, 저녁에 근무하는 것이 익숙한 그녀는 평소 점심이 다 되어서야 일어납니다. 오늘 저녁, 웨이쟈이(魏佳艺)는 차이나타운 밴드와 헤비메탈 공연이 한 차례 있습니다. 이 공연 전에 그녀는 가사를 숙지해야 하고, 밴드와 함께 마지막 리허설을 끝마쳐야 합니다.

– 오전 10:05, 강아지 YOYO가 웨이쟈이가 화장하는 모습을 보고 있습니다.

대학 때, 웨이쟈이는 바에서 공연을 시작했는데, 공연 한 차례 당 그저 20~30위안밖에 되지 않았습니다.

– 오전 10:30, 웨이쟈이가 헤드폰을 쓰고 카메라를 보면서 미소 짓고 있습니다.

현재 웨이쟈이는 남편(老公)•과 함께 베이징 교외의 방 두 개짜리 아파트를 임대해 거주하고 있습니다. 집 안에는 10㎡ 가량의 연습실이 있고 연습실에는 모든 공연에 필요한 '가재도구'들이 있습니다. 웨이쟈이는 매일 자신만의 세계에서 노래 연습을 합니다.

– 오전 11:00, 웨이쟈이가 마이크 테스트를 하고 있습니다.

마이크 커버 너머로, 웨이쟈이가 몰입해서 노래하고 있습니다. 그녀의 삶은 이미 음악 없이는 살 수 없습니다.

– 오전 11:20, 노래가 클라이맥스 부분에 도달하면, 웨이쟈이는 자신을 잊어버립니다.

웨이쟈이는 학교 다닐 때 바라는 것이 크지 않았다고 말했습니다. 작은 바에서 노래할 때는 조금 더 큰 바로 가서 노래하고 싶었고, 조금 큰 바에 가서 노래하게 된 후에는 가장 큰 가라오케 홀에서 노래하길 바랐고, 그런 다음에는 더 큰 무대에서 노래하기를 바랐다고 하였습니다. "목표가 크지는 않지만, 하나하나 모두 실현했어요."라고 웨이쟈이가 말했습니다.

• 老公(남편)

중국 부부들 사이의 호칭은 매우 많다. '丈夫(남편)'와 '妻子(아내)'는 비교적 통용되는 호칭으로 구어체와 문어체에서 모두 사용한다. '先生(남편)', '太太(아내)'는 하나의 존칭으로 일반적으로 비교적 공식적인 상황에서 사용된다. 캐주얼하고 편한 자리에서 젊은 부부들은 다른 사람에게 자신의 배우자를 소개할 때 '老公(남편)' 혹은 '老婆(마누라)'라고 부르는 것을 좋아하며 서로 이렇게 호칭하기도 하는데, 다정하고 사랑이 담긴 표현이다.

– 오전 11:40, 원곡 키가 조금 높아서, 웨이쟈이는 어떻게 부르면 효과가 더 좋을지 고민하고 있습니다.

《보이스 오브 차이나(中国好声音)》•• 시즌3 오디션 때 그녀는 상하이로 가서 몇 차례나 오디션을 봤고, 연출팀은 그녀에게 계속 20여 곡의 편곡을 요구하였습니다. "저는 정말 엄청 노력했어요. 마지막까지 갔지만 성공하지는 못했죠."

– 오후 1:40, 아파트 아래, 멋있는 헤어스타일이 웨이쟈이를 더욱 멋지게 보이게 합니다.

웨이쟈이는 현재 하나는 크고 하나는 작은 두 개의 꿈이 있습니다. "저는 제가 굉장히 훌륭한 노래를 써서 널리 애창되기를 바라요. 제가 이 세상을 떠나고 난 후에 사람들이 '이것은 이미 고인이 된 뮤지션 웨이쟈이의 노래야'라고 회상할 수 있었으면 좋겠어요. 하하!"라고 크게 웃으면서 말했습니다.

– 오후 2:40, 모든 짐을 정리한 뒤 웨이쟈이가 외출합니다.

"그렇지만 이것은 매우 힘든 일이에요. 점점 노래 쓰는 것도 사실 인연인 것 같다는 걸 알겠어요. 가끔은 좋은 아이디어가 있어야 하고, 정말 좋은 가사를 만나야 하고, 게다가 정말 좋은 멜로디까지 더해져야만 좋은 노래가 탄생할 수 있거든요."라고 웨이쟈이가 말했습니다.

– 오후 3:25, 웨이쟈이가 운전해서 공연장에 도착했습니다.

웨이쟈이에게는 또 다른 작은 꿈이 있습니다. 바로 자신이 술집이나 혹은 카페를 차려서 자신만의 무대를 갖는 것입니다. "제가 늙었을 때, 제가 노래를 부를 수 있는 곳을 가지고 있을 거예요. 그곳은 제 마음대로 결정할 거예요."라고 웨이쟈이가 말했습니다.

– 저녁 8:30, 웨이쟈이가 무대 뒤에서 공연 전 준비를 하고 있습니다.

공연이 30분 있으면 시작합니다. 웨이쟈이는 혼자서 화장을 하고 있습니다.

– 저녁 9:00, 웨이쟈이가 공연을 시작합니다.

웨이쟈이가 무대에 올랐습니다. 이 무대는 완전히 그녀의 것이고, 무대 아래에서는 팬들이 그녀를 향해 환호성을 지르고 있습니다.

•• **中国好声音**(보이스 오브 차이나)
2012년 처음 방영을 시작한, 음악을 고무하고 평가하는 대형 프로그램이다. 취지는 중국 음악계에 꿈과 천부적인 재능을 가진 뮤지션들을 발굴하는 데 있다.

주요 문법 Real 풀이

1 场 한 차례, 한 바탕

'场'은 양사(단위사)로 문예, 오락, 체육활동 그리고 시합 등을 셀 때에 사용하여 '번, 차례'의 뜻을 나타내거나 기후를 나타내는 데도 사용된다.

今天晚上，魏佳艺要和唐人乐队上演一场重金属表演。

~와 공연하다　　~ 차례의 공연

▶ 今年的国际电影节将邀请多个国家的著名演员参加，并且会举办多场精彩活动。
올해 국제영화제는 여러 국가의 저명한 배우를 초청하여 참가하게 하고, 다채로운 행사를 여러 차례 거행할 것이다.

▶ 下午下了一场大雨。 오후에 비가 한 바탕 내렸다.

2 존현구문 ~(장소)에 ~(불특정 사람 · 사물)가 있다

존현구문은 사람이나 사물의 존재 · 출현 등을 나타내는 문장을 말하며, '어떤 장소나 시간에 ~이 있다'는 뜻을 나타낸다. 기본 형식은 '장소+동사+사람 · 사물'로 동사 뒤에는 동태조사(동사의 상태를 도와주는 단어) '了', '着' 혹은 방향보어가 오며, 목적어는 불특정 사람이나 사물이어야 한다.

排练室里　摆放着　所有演出的"家当"。

장소[주어] + 놓여있다[술어] + 가재도구[목적어]

▶ 昨天来了一个人。 어제 한 사람이 왔다.

▶ 墙上挂着一张画儿。 벽에 그림이 한 장 걸려있다.

▶ 阳台上落了一层厚厚的灰尘。 베란다에 한 겹의 두꺼운 먼지들이 떨어져 있다.

邀请 yāoqǐng 동 초대하다 | **著名** zhùmíng 형 저명하다, 유명하다 | **举办** jǔbàn 동 열다, 개최하다 | **精彩** jīngcǎi 형 뛰어나다, 훌륭하다 | **阳台** yángtái 명 베란다 | **灰尘** huīchén 명 먼지

3 겸어문 ~하게 시키다, 만들다

겸어문이란 한 문장에 두 개 이상의 술어가 나오고, 첫 번째 술어의 목적어가 두 번째 술어의 주어 역할을 겸하는 문장을 말한다. 이때 술어1의 자리에는 사역의 의미를 나타내는 동사를 써야 하는데, 사역의 의미를 나타내는 동사로는 '让 ràng', '叫 jiào', '使 shǐ', '请 qǐng'이 있다.

酷酷的发型	让	魏佳艺	显得很帅气。
주어❶	술어❶	목적어❶/주어❷	술어❷

겸어[목적어와 주어를 '겸하기' 때문에 겸어문!!]

▶ 睡觉让人变美。 수면은 사람을 아름답게 만든다.

▶ 读书使我们能更好地适应社会、理解生命。
독서는 우리로 하여금 사회에 더 잘 적응하고 생명을 이해하게 만들어 준다.

▶ 你请他帮帮忙，也许他能想到解决方法。
당신 그에게 도와달라고 하세요, 아마도 그가 해결 방법을 생각할 수도 있어요.

4 之 그, 이, 그 사람

'之'는 대명사로 앞에 나온 사람이나 사물을 대신하여 사용된다.

魏佳艺上场了，这个舞台完全属于她，台下的粉丝为之欢呼。

그녀 ~에게 환호하다

▶ 只有那些自己感兴趣并且愿意为之而努力的工作才是最适合的。
자신이 흥미 있고 또 원하여 그것을 위해 노력하는 직업이야 말로 가장 적합한 것이다.

▶ 海象上岸以后，血管又会扩张，皮肤随之变为棕红色。
바다코끼리는 육지에 올라온 이후에 혈관이 확장되는데, 피부는 그것을 따라 고동색으로 변한다.

适应 shìyìng 동 적응하다 | 海象 hǎixiàng 명 바다코끼리 | 上岸 shàng'àn 동 기슭에 오르다, 상륙하다 | 血管 xuèguǎn 명 혈관 | 扩张 kuòzhāng 동 확장하다 | 随 suí 동 따르다, 따라가다 | 棕红色 zōnghóngsè 명 밤색, 고동색

1 目标 VS 目的

	目标 mùbiāo 명 목표	目的 mùdì 명 목적
차이점	사격·공격의 대상이나 찾고 있는 대상 또는 도달하고자 하는 목표를 나타낸다. 예 阿里巴巴的长远目标是成为中国最好的电子商务平台。 알리바바의 장기목표는 중국에서 가장 좋은 전자상거래 플랫폼이 되는 것이다.	도달하고자 하는 곳, 하고자 하는 일, 얻고자 하는 결과를 나타낸다. 예 社会企业家以建设美好社会为目的。 사회기업가는 좋은 사회를 건설하는 것을 목적으로 한다.
搭配	制定(세우다)···, 达到(도달하다)···, 发现(발견하다)···, 瞄准(조준하다)···	主要(주요)···, 学习(학습)···

2 如何 VS 怎么

	如何 rúhé 대 어떻게, 어떤	怎么 zěnme 대 어떻게, 어째서
공통점	모두 대명사로 방식에 대해 질문할 때 사용된다.	
차이점	① 대부분 문어체에 사용되며, 원인을 물어보는 것에는 사용할 수 없다. 예 同一种咖啡如何能喝出不同的味道? 같은 종류의 커피가 어떻게 마셨을 때 다른 맛이 날 수 있을까?	① 대부분 구어체에 사용되며, 원인을 물어보는 것에 사용할 수 있다. 예 请问卫生间的门怎么打不开? 里面好像没人哪。 죄송한데 화장실 문이 어째서 열리지 않는 거죠? 안에 사람이 없는 것 같은데요.
	② 문장 마지막에 쓰여 상황이나 의견을 구하는 데 사용할 수 있다. 예 最近工作如何? 요즘 업무는 어떠세요?	② 문장 첫 머리에 쓰여 놀람을 나타낼 수 있다. 예 怎么, 难道你也不知道? 왜, 설마 너도 모르는 거야?

长远 chángyuǎn 형 기간이 길다 | 平台 píngtái 명 플랫폼 | 建设 jiànshè 동 건설하다 | 到底 dàodǐ 부 도대체, 설마

3 发现 VS 发觉

	发现 fāxiàn 명동 발견(하다)	发觉 fājué 동 발견하다, 알아차리다
공통점	모두 이전에 몰랐던 것을 알기 시작했다는 의미를 나타낸다.	
차이점	연구나 분석 따위를 통해 이전에는 알지 못했던 사물 혹은 규율 등을 발견한 것에 초점을 맞추어 사용한다. 예 如果总能发现孩子的优点并且鼓励他，孩子的优点会越来越多。 만약 아이의 장점을 발견하고 격려한다면, 아이의 장점은 갈수록 많아질 것이다.	사람이 직접 느낄 수 있는 구체적인 상황을 발견한 것에 초점을 맞추어 사용한다. 예 我接下这项工程后，才发觉自己有些不知自量。 나는 이 프로젝트를 받은 후에야 스스로 분수를 몰랐다는 것을 알게 되었다.

4 到达 VS 达到

	到达 dàodá 동 도착하다, 도달하다	达到 dádào 동 달성하다, 도달하다
공통점	모두 어떤 것에 '도달하다'의 의미를 나타낸다.	
차이점	주로 장소 혹은 어떤 단계의 구체적인 장소나 시간 등이 목적어로 온다. 예 单程的返程航班都是夜间到达，很不方便。 돌아오는 편도 항공편이 모두 저녁에 도착해서 매우 불편하다.	주로 추상명사가 목적어로 온다. 예 在诗词作品中，留白则指用简洁的语言来达到"此时无声胜有声"的艺术效果。 시가 작품 중, 여백은 즉 간결한 언어를 사용하여 '지금은 말하지 않는 것이 말하는 것보다 좋다'라는 예술 효과에 도달하는 것을 가리킨다.
搭配	…目的地(목적지), …上海(상하이), …关键时刻(관건인 시점)	…水平(수준), …程度(정도), …目的(목적), …要求(요구), …标准(기준)

自量 zìliàng 동 자신의 힘을 헤아리다, 분수를 알다 | **单程** dānchéng 명 편도 | **返程** fǎnchéng 명 돌아오는 노선 | **航班** hángbān 명 항공편, 비행기 | **留白** liúbái 명동 (예술작품, 특히 동양화에서의) 여백, 공백(을 남기다) | **简洁** jiǎnjié 형 간결하다, 깔끔하다 | **胜** shèng 형 낫다, 우월하다

떠돌 것인가 말 것인가, 이것이 문제로다

'베이피아오(北漂)' 이 단어는 다른 지역에서 베이징으로 와서('迁移(이주)'는 '漂(떠돌다)'의 첫 번째 함의이다) 베이징에서 생활하지만 베이징 호적을 갖지 못한 사람을 일컫는 말입니다. 이들은 이미 취직했을 수도 있고 아직 새로운 발전 기회를 찾고 있을 수도 있습니다('未扎根(뿌리 박지 못하다)'은 '漂(떠돌다)'의 두 번째 함의이다). 이런 사람들은 거의 젊은이들로, 대부분 어느 정도의 학력, 혹은 비교적 높은 문화소양, 지식과 기능을 갖고 있습니다. 이들은 주로 문화와 첨단기술 산업 등을 찾는 것에 큰 뜻이 있습니다. 이런 사람들의 심리는 더욱 떠돌아다니는 상태이며('心理上的漂(심적으로 떠돌아다니다)'는 분명 '漂(떠돌다)'의 세 번째 함의이다), 아마도 많은 베이피아오 사람들은 성공했지만 대다수의 마음속에는 아직 안전감과 소속감이 부족한 상태입니다.

'떠돌다'는 이미 중국에만 국한되어 있는 것이 아닌 세계적 문제입니다. 중국의 베이징, 상하이(上海), 광저우, 선전(深圳) 등 대도시에는 떠돌아다니며 분투하는 젊은이들이 있습니다. 미국의 뉴욕, 영국의 런던, 일본의 도쿄 등의 도시들은 젊은이들이 동경하고 떠돌고자 하는 '파라다이스'입니다.

일선도시는 경쟁 스트레스가 크고, 생활비가 높으며, 업무 템포가 빠릅니다. 이런 상황은 전세계 대도시 모두 비슷하며, 대도시의 자원과 편리를 누리는 동시에 반드시 이러한 현실을 받아들여야만 합니다. 동시에 젊은이들도 반드시 명확한 발전목표와 나아갈 방향, 양호한 심리적 소양과 과도한 스트레스를 이길 수 있는 강한 능력을 갖고 있어야 하며, 좌절, 심지어 실패의 시련을 견딜 수 있어야 합니다. 그러나 중소도시의 생활은 상대적으로 안락하고 편안하며, 직업 발전 플랫폼이 비록 뉴욕, 런던, 베이징, 상하이라는 이런 대도시보다는 못하지만, 인재들에게는 자신을 재능을 펼칠 수 있는 비교적 큰 무대를 제공해 주고, 경쟁 스트레스도 비교적 적으며, 사람과 사람 사이도 상대적으로 쉽게 가까워질 수 있습니다.

그러나 역시 대도시에서 '떠돌 것'인지, 아니면 중소도시에서 상대적으로 안락한 생활을 할 것인지를 선택하는 것은 다른 사람들의 시선에 구속 받지 말고, 자신의 마음이 느끼는 것에 따라야 합니다. 만약 대도시의 긴장된 삶이 당신으로 하여금 스스로 새장 안에 갇힌 새처럼 느껴지게 한다면, 중소도시로 가서 더 높은 삶의 질과 영적인 체험을 추구하는 것으로 방향을 바꿔도 괜찮은 선택일 것입니다.

QR코드를 스캔해서 《中国好声音(보이스 오브 차이나– Voice of China)》 시즌1 결승전을 감상해 보세요.

《中国好声音》

《보이스 오브 차이나》 시즌1은 2012년 7월 13일을 시작으로 매주 금요일 저녁 9시 20분에 저지앙(浙江) TV에서 방영되었습니다. 2012년 9월 30일 종방하였으며 량보어(梁博)가 《因为(이유는)》라는 노래로 우승을 거머쥐었습니다.

중국의 수많은 오디션 프로그램을 제치고 가장 많은 오디션 스타를 배출한 프로그램으로, 오디션 진행 방식은 기존 한국의 《Voice of Korea》와 같으나 중국의 《中国好声音》은 오디션 참가자가 한국보다 훨씬 다양한데, 중국의 각 지방의 소수민족에서 싱가포르, 말레이시아 등지에 거주하는 화교까지 정말 폭 넓게 출연하여 어마어마한 경쟁률을 뚫고 참가하고 있다는 것입니다.

현재 《中国好声音》은 《中国新歌声(Sing! China)》으로 이름을 바꾸어 실력 있는 심사위원들과 더 다양한 참가자들이 프로그램을 꾸며주고 있습니다. 가장 큰 변화는 심사위원들의 의자인데 기존의 돌기만하던 의자에서 미끄럼틀을 타듯 내려오는 의자(导师战车)로 바뀌었다는 점입니다.

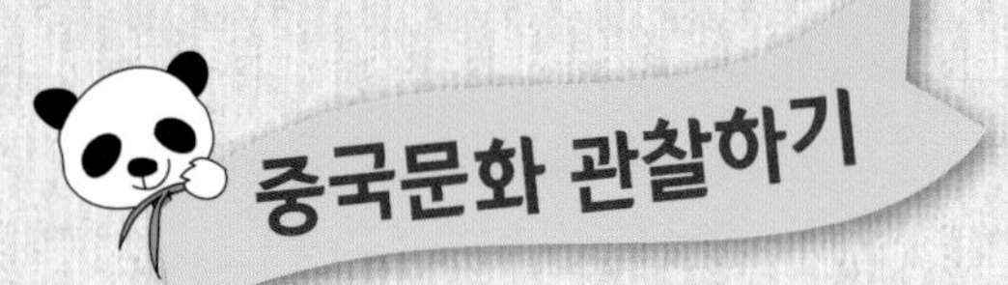

베이피아오-北漂

'北漂'는 '베이징'의 '北'와 '표류하다'는 뜻의 한자 '漂'가 합쳐져서 만들어진 단어로, 베이징에서 떠도는 타지 사람을 말합니다. 도시의 화려함과 높은 임금만을 보고 무조건 찾아오는 농민공과 달리 베이피아오들의 대다수는 대학을 나와 중소도시 혹은 고향에서 취직이 가능하지만 자신의 미래와 발전 가능성을 위해 베이징으로 온 경우가 많습니다. 베이징의 호적이 없으니 고정적인 거주지도 없이 여기저기 이사 다니기 일쑤고 세금이나 의료보험 등에서도 불이익을 당하며, 심지어 자녀가 있다면 베이징이 아닌 고향에서 학교를 다녀야 합니다. 이들은 자신의 미래를 위해 열심히 분투하지만, 잘사는 부모를 만나 베이징 호적을 가지고 있는 베이징 토박이보다는 삶의 질과 행복지수가 많이 떨어집니다. 하지만 그간의 고생이 아까워 고향으로 돌아가지 못하고 여전히 베이징에서 '떠돌아다니는' 경우가 많습니다.

상황이 이렇다 보니, 중국의 많은 포털사이트에 '北漂几年了? (베이피아오 몇 년됐어요?)', '感觉如何? (어때요?)', '后悔了还是更坚定了? (후회하나요, 아니면 더 단단해졌나요?)'를 묻는 말들이 연관 검색어로 등장하고, 심지어 '北漂吧(베이피아오 합시다)'라는 어플도 있습니다.

또한, 베이징뿐만이 아닌 중국의 일선도시인 상하이, 선전 등의 대도시에서도 '떠도는' 사람들이 많아 '沪漂(후피아오)'나 '深漂(션피아오)' 등의 말도 생겨났습니다.

이들의 주거 문제 및 불이익 문제들을 해결하기 위해 중국정부에서는 많은 노력을 기울이고 있지만, 대도시 사람들과 타지 사람들 간의 충돌과 '떠돌아'다니는 삶의 산재한 문제들은 아직까지 해결되지 않고 있는 실정입니다.

UNIT

08

快递小哥儿的“购物节”

택배 청년의 ‘쇼핑데이’

학습 내용

- 최근, 중국의 인터넷 쇼핑은 급격히 발전하고 있고, 물류업도 이로 인해 크게 발전하고 있습니다. 장루이는 택배기사 일을 한 지 이미 5~6년이 되었는데, 매년 있는 인터넷 ‘쇼핑데이’는 그가 가장 바쁜 날입니다.

학습 목표

- 중국 인터넷 쇼핑몰의 발전과 더불어서 나타난 쇼핑데이 및 최근 택배 물류업의 현황에 대해서 알아보도록 합니다.

택배 청년의 '쇼핑데이'

최근, 각 인터넷 쇼핑몰들의 '쇼핑데이(购物节)'가 가까워짐에 따라, 인터넷 쇼핑 대란이 일어나기 시작했고, 이것은 물류업의 발전에도 영향을 주고 있습니다. 장루이(张锐)는 양저우시(扬州市) 한 택배회사의 택배기사로, 택배업에 종사한 지는 벌써 5~6년이 되었습니다. 11월의 '광군제(双十一购物节, 중국판 블랙프라이데이)'• 기간에 그는 매일 거의 100통 가까운 똑같은 전화를 합니다. "안녕하세요? 택배 도착했습니다. 지금 건물 아래인데요……"

초겨울 양저우의 바깥 날씨는 춥습니다. 택배기사 장루이는 지금 로션을 바르고 있습니다. 그는 곧 시작될 하루를 위하여 준비하고 있습니다.

반창고, 로션, 그리고 감기약은 장루이가 겨울에 휴대하는 '3개의 보물'입니다.

시간이 촉박해서 장루이는 출근길에 길거리에서 아침을 사서 가면서 먹습니다. '쇼핑데이' 기간에 그는 매일 50km 되는 거리를 뛰어다니며 150여 개의 택배를 배송하고, 아침 7시부터 저녁 10시가 지나서까지 계속 바쁩니다.

최근 '쇼핑데이'가 연달아 생겨나면서, 대형 택배회사들은 '광군제'가 끝나자마자 '쌍12절 쇼핑데이(双十二购物节)'••를 준비해야 합니다.

장루이는 택배를 배송하는 막간을 이용하여 컵라면 하나를 먹습니다. 그의 아침과 점심은 거의 다 전동스쿠터에서 해결하고, 저녁 10시 넘어 집에 돌아가서야 '제대로 된 밥'을 먹습니다. 그는 웃으면서

• **双十一购物节**(쌍11절 쇼핑데이, 광군제 쇼핑데이)
2009년부터 시작되었으며 인터넷 쇼핑몰 알리바바(阿里巴巴(www.1688.com))를 필두로 전자상거래 플랫폼들이 매년 11월 11일마다 진행하는 대규모 쇼핑 촉진 행사이다.

•• **双十二购物节**(쌍12절 쇼핑데이)
알리바바와 징둥(京东(www.jd.com)) 등 전자상거래 플랫폼이 매년 12월 12일에 진행하는 대규모 쇼핑 촉진 행사이다.

“하루의 배송이 끝나면 얼굴이 얼어서 마비가 된 것 같아요.”라고 말합니다.

급여가 지급된 후, 장루이는 습관적으로 은행에 가서 자신의 계좌를 확인합니다. 알고 있는 말에 따르면, ‘쇼핑데이’ 기간에 월 수입이 3천 위안에서 6천 위안에 달하는 택배기사들이 절반 이상을 차지하고, 어떤 택배기사들은 심지어 월 수입이 1만 위안 이상이라고 합니다. “이런 인터넷 ‘쇼핑데이’는 우리 택배기사들에게 있어 참 달콤한 ‘부담’이에요.”라고 장루이가 말합니다.

하루 일과가 끝날 때면 이미 새벽입니다. 장루이는 칼바람 속에 전동스쿠터를 타고 셋방으로 돌아갑니다. 고향이 양저우가 아니라 그는 자주 집에 가지 못합니다. 특히 매년 ‘쇼핑데이’가 되면, 그는 어쩔 수 없이 고향에 가는 시간을 미룹니다.

장루이에게는 귀여운 5살짜리의 아들이 있는데, 매번 일 때문에 그가 시간이 없어 집에 가지 못할 때면 아들은 엄마를 졸라 시외버스를 타고 양저우로 아빠를 찾아오곤 합니다.

새벽에 장루이는 집에 돌아온 후, 계란국수 한 그릇을 끓여 하루 중의 ‘제대로 된 식사’를 합니다.

식사가 끝난 후, 장루이는 뜨거운 물에 발을 담그고 하루의 피로를 풉니다. 이때만이 그가 겨우 앉아서 삶을 누릴 수 있는 시간입니다.

자기 전, 장루이는 직접 간단히 머리 마사지를 하며 피로를 풉니다. 또 그는 휴대전화로 다음 날의 날씨도 확인해 봅니다.

장루이와 그의 동료들은 모두 꿈이 있는 젊은이들입니다. 자신의 꿈에 대해 이야기하자, 장루이는 웃으면서 “앞으로 제 사업체가 있어 사장이 되는 게 꿈이에요.”라고 말했습니다.

주요 문법 Real 풀이

1 随着 ~에 따라서

'随着'는 전치사로, '~에 따라서'라는 의미를 나타내며 주로 문장 맨 처음에 쓰인다. '随着' 뒤에 오는 명사는 변화나 발전 등과 같은 추상적인 명사가 오고, 뒤에 오는 문장에는 이에 따라 나타난 결과가 나온다.

随着各互联网电商"购物节"的到来，网络购物蓬勃兴起，……

~의 도래에 따라 / 앞 구의 결과

▶ 随着广州经济的快速发展，乘坐飞机出行的人越来越多了。
광저우 경제의 급속한 발전에 따라, 비행기를 타고 외출하는 사람들이 갈수록 많아졌다.

▶ 随着人数的增加，长江大桥周围的交通受到了很大的影响。
인구수의 증가에 따라 창지앙 대교 주변의 교통은 큰 영향을 받았다.

2 从事 ~에 종사하다

동사 '从事'는 '어떤 방면에 종사하다'라는 의미로 뒤에 따라오는 명사는 주로 '工作 gōngzuò(일)', '行业 hángyè(업무)', '职业 zhíyè(직업)', '方面 fāngmiàn(방면)' 등이 온다.

张锐是扬州市一家快递公司的快递员，从事快递行业已有五六年。

회사를 세는 양사 / ~업무에 종사하다 / ~만큼 되다

▶ 他从事计算机行业。 그는 컴퓨터 업계에 종사한다.

▶ 你本科毕业后，打算从事翻译方面的工作吗？
당신은 학부 졸업 후에 번역 방면의 업무에 종사할 계획인가요?

乘坐 chéngzuò 동 (자동차·배·비행기 등을) 타다 | **增加** zēngjiā 동 증가하다 | **计算机** jìsuànjī 명 컴퓨터 | **本科** běnkē 명 (학교의) 본과, 학부

3 即将 곧, 머지않아

부사 '即将'은 '곧, 머지않아'라는 뜻으로, 행위 혹은 상황이 얼마 있지 않아 발생할 것을 나타낸다. 주로 문어체에 많이 쓰인다.

他在为即将开始的一天做准备。

곧, 머지않아 / ~을 위해 준비하다

▶ 他即将举行婚礼。 그는 곧 결혼을 한다.

▶ 飞机即将起飞时，一位乘客请求空姐给他倒一杯水吃药。
비행기가 곧 이륙하려고 할 때, 한 승객이 승무원에게 약 먹을 물 한 잔을 달라고 했다.

4 对于…来说 ~에 대해 말하자면

'对于…来说'는 하나의 고정격식으로 '~에 대해 말하자면'이라는 뜻을 나타낸다. '对于' 대신에 '对'를 써도 상관없다.

对于我们这些快递员来说，真是个甜蜜的'负担'。

~에 대해 말하자면

▶ 电子书的出现对于纸质书来说，既是生存压力，也是发展动力。
E-book의 출현은 종이책 입장에서 말하자면 생존 스트레스이자 발전 동력이다.

▶ 对于顾客来说，好的服务应该使人感到舒服。
고객의 입장에서 말하자면 좋은 서비스는 사람을 편안하게 만든다.

乘客 chéngkè 명 승객 | **请求** qǐngqiú 동 요청하다, 부탁하다 | **顾客** gùkè 명 고객, 손님

1 重复 VS 反复

	重复 chóngfù 동 반복하다, 중복하다	反复 fǎnfù 부 반복해서, 반복적으로
차이점	① 동사로, 똑같은 상황이 원래대로 한 번 혹은 여러 번 반복되어 나타나는 것을 말한다. 예 当再次重复这个实验时，蚂蚁只用了40秒钟就将火扑灭了。 이 실험을 재차 반복했을 때, 개미는 40초 만에 불을 껐다.	① 부사로, 어떤 동작이 여러 차례 반복되는 것을 강조하는데, 그 동작은 반드시 똑같은 상황이 아니어도 상관없다. 예 我每次写完作文都反复多次进行修改。 나는 매번 글을 다 쓰면 반복해서 여러 번 수정한다.
	② 명령문에 사용할 수 있으며 명사도 수식할 수 있다. 예 重复这个动作3、5次吧。 이 동작을 3~5회 반복하세요. 예 这里有重复的内容。 여기 중복된 내용이 있네요.	② 명령문에는 사용하지 못하며 부사, 동사 용법만 있다. 예 他反复强调明天的会议千万不要迟到。 그는 내일 회의에 절대로 지각하지 말라고 반복해서 강조했다.

2 经历 VS 经验

	经历 jīnglì 동 겪다, 경험하다 명 경험	经验 jīngyàn 명 경험
차이점	동사로, '경험하다, 겪다'의 의미를 나타내며 했고, 보았고, 겪었던 어떤 일을 강조한다. 명사로도 사용 가능하다. 예 如果不经历一些困难，就永远无法明白什么才是真正的幸福。 만약 일부 어려움을 겪지 않는다면 영원히 무엇이 진정한 행복인지를 알 수 없다.	명사로, 어떤 일에서 얻은 지식, 소감, 방법 등을 강조한다. 예 日记积累的不仅有回忆，也有经验。 일기가 축척하는 것에는 추억이 있을 뿐만 아니라 경험도 있다.
搭配	…失败(실패), …事情(일), …战争(전쟁)	积累(쌓다)…, 介绍(소개하다)…, 总结(총괄하다)…, 工作的(업무적인)…, 丰富的(풍부한)…

实验 shíyàn 명 실험 | 蚂蚁 mǎyǐ 명 개미 | 将 jiāng 전 ~을, ~를 | 扑灭 pūmiè 동 (불을) 끄다 | 修改 xiūgǎi 동 고치다, 수정하다 | 强调 qiángdiào 동 강조하다 | 回忆 huíyì 명 추억

3 利用 VS 使用

	利用 lìyòng 명 동 이용(하다), 활용(하다)	使用 shǐyòng 명 동 사용(하다)
차이점	'사람이나 사물로 하여금 역할과 능력을 발휘하도록 하다'의 의미와 '목적을 위해 정당하지 않은 수단을 사용하다'의 의미도 나타낸다. 예 他利用大约一年的时间到国外旅行。 그는 대략 1년의 시간을 이용하여 해외로 여행을 다녔다.	'사물이나 방법을 사용하다'는 의미를 나타낸다. 예 你可以使用信用卡分期付款。 신용카드를 사용해서 할부로 계산해도 돼요.
搭配	…业余时间(여가시간), …资金(자금), …时间(시간), …机会(기회)	…电脑(컴퓨터), …范围(범위), …说明(설명), …方法(방법)

4 对 VS 对于

	对 duì 전 ~에 대해	对于 duìyú 전 ~에 대해
공통점	모두 전치사로 동작이 미치는 대상을 나타낸다.	
차이점	뒤에 오는 명사가 사람, 사물이거나 사람 사이, 사물 간의 대우나 태도를 나타낼 수 있으며, 구체적인 동작의 대상 혹은 목표를 끌어내는 데 쓰인다. 예 我十分后悔对他发了脾气。 나는 그에게 화를 낸 것에 대해 매우 후회한다.	뒤에 오는 명사는 사람과 사람 사이의 관계를 나타내는 말이 아닌 사물이어야 한다. 예 对于这种打折活动，我们应该冷静。 이런 종류의 할인 행사에 대하여 우리는 냉정해야 한다.

分期付款 fēnqī fùkuǎn 분할 상환하다 | **发脾气** fā píqi 화를 내다, 성질을 내다 | **应该** yīnggāi 동 마땅히 ~해야 한다 | **冷静** lěngjìng 형 냉정하다, 침착하다

'광군제'- 인위적으로 만든 치열한 페스티벌

2009년 11월 11일, 'Tmall(天猫 - 당시 타오바오(淘宝) 쇼핑몰)'이 '광군제'에 할인행사를 시작했는데, 할인을 통해 브랜드를 널리 알리고자 함이었습니다. 그러나 인위적으로 만든 이 인터넷 쇼핑데이가 생겨난 후, 돌이킬 수 없을 정도로 흥행하기 시작했습니다.

현재 '광군제'는 이미 소비자들에게 일 년 중 물건을 사재기하기에 가장 좋은 시기로 여겨지고 있습니다. 이 날이 되면, 전자상거래 플랫폼들은 평소 세일을 하지 않는 상품들도 50~60% 세일을 하고, 심지어 어떤 상품은 70~80%까지 세일을 하기도 합니다. 유혹으로 가득한 세일은 '충동구매자'들로 하여금 조금이라도 늦으면 이런 좋은 기회를 놓치게 될까 걱정하게 만들어, 눈 한번 깜빡이지 않고 컴퓨터나 휴대전화를 보게 만듭니다.

2015년 11월 11일 알리바바(阿里巴巴)가 'Tmall 광군제 글로벌 페스티벌'을 시작한 지 12분 28초 만에 거래액이 100억 위안에 이르렀고, 11월 11일 24시에는 하루 거래액이 912.17억 위안에 이르러 7년 이래 최고 기록을 달성하였습니다. 이 날 하루 택배 물류 주문 수량은 4.68억 위안에 달하였고, 한 택배회사 직원은 웨이보(微博)에 '이미 택배에 파묻혔다'라고 글을 올렸습니다.

2015년 '광군제'의 글로벌화는 새로운 이슈가 되고 있습니다. 알리바바 플랫폼에서 당일 거래가 성립된 나라와 지역은 200여 개에 달하였습니다. 영국 《데일리 텔레그래프(每日电讯报)》는 5년 내 중국은 세계에서 가장 큰 수입상품 전자상거래 시장이 될 것이라고 예측하였습니다.

현재, '광군제'는 이미 쇼핑데이의 대명사가 되었고 이것은 인터넷 쇼핑족들의 페스티벌일 뿐만 아니라, 인터넷 구매를 하지 않는 사람들과 오프라인 시장에도 큰 영향을 미쳤습니다. 2009년부터 2015년까지 '광군제'는 이미 Tmall로부터 거의 모든 전자상거래 플랫폼까지 확장되었고, 중국으로부터 전세계로 확장되었습니다. 11월 11일은 점차 하나의 전자상거래 마케팅 날로부터 대다수 소비자들의 쇼핑 페스티벌로 변화하고 있습니다.

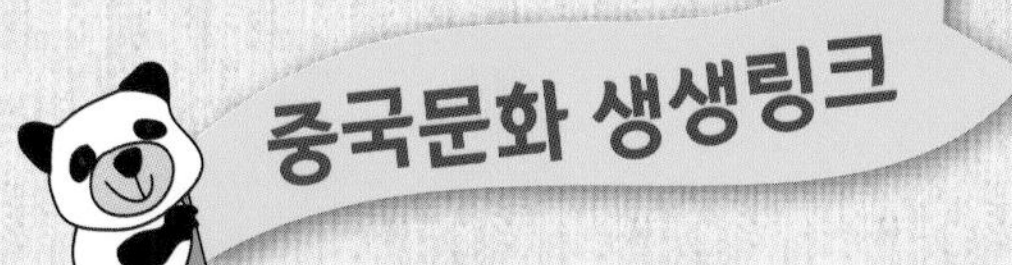

QR코드를 스캔해서 '광군제' 이후의 뉴스를 보고 중국의 '광군제'에 대한 더 많은 것을 알아보세요.

광군제

2017년 11월 11일 광군제가 시작된 후 28초만에 TMALL의 거래 금액은 10억 위안을 돌파했고, 이 날 하루 동안 총 거래액은 1,682억 위안으로 집계되었습니다.
광군제가 지난 이후 인터넷 상에서는 '过上了吃土的日子(흙을 먹는 날을 보내다)'라는 말이 유행하기 시작했는데, 이 말은 소비가 예산을 넘어서 생활비가 쪼들려, 그저 '흙'만 먹을 수밖에 없다는 말입니다.
또한 택배를 받은 후 물건의 품질이 생각만큼 좋지 않아 결국 버려져 나날이 심각해지는 환경오염 문제, 쇼핑을 너무 많이한 나머지 택배 배송조회에는 일주일이 넘도록 '待发货(배송대기 중)'만 나와 있거나 본문에서 공부한 것처럼 택배기사들은 식사도 제대로 못하고 24시간 동안 택배를 배송하고 있지만 여전히 많은 물량을 소화하지 못하게 되는 배송 문제 역시 하나의 사회현상으로 대두되고 있습니다.

광군제의 유래

사실 광군제의 유래에 대해서는 정확하지 않습니다. 그저 이 날이 대학의 캠퍼스 문화에서 생겨났다는 것이 가장 믿을 만한 유래로 여겨지고 있습니다. 그래서 광군제의 유래에 대해 중국 포털사이트에서 검색하면 이 날이 어떤 학교에서 시작되었는지에 대해 의견이 분분합니다. 어떤 학교 캠퍼스에서 시작되었는지는 모르지만, 11월 11일은 숫자가 모두 1로, '홀로, 단신의, 솔로의'라는 뜻을 나타내어 '솔로의 날'이 된 것입니다.

원래 처음에 이 날은 그저 솔로인 남자들에게만 국한되어 있었는데, 사회에 점차적으로 퍼져나가게 되면서 하나의 기념일로 자리잡기 시작했습니다. 이 날에는 많은 미팅이 이뤄지고, 남자들이 여자에게 고백을 하는 날로 대다수의 사람들에게 인식되고 있습니다. 이런 솔로들은 대부분 수입 수준이 높으며, 소비에 대한 욕구도 강하다는 것을 파악한 업체들이 이 날에 각종 상품 프로모션 및 할인행사를 개최하기 시작하면서 이 날은 하나의 사회적인 기념일로 뿌리를 내리게 된 것입니다.

2017년 11월 11일 광군제 하루 동안 알리바바 그룹은 매출 28조 위안을 올렸습니다. 이것은 중국 사람들의 소비 수준이 이전과는 다르게 매우 크게 향상되었다는 것을 나타내는 동시에, 중국 내에 잠재되어 있는 소비계층이 상상 이상이라는 것을 나타내줍니다. 알리바바 그룹은 2009년부터 이 날을 아예 '중국판 블랙프라이데이'라고 지정하며 본격적인 쇼핑의 날로 만들었고, 지금의 11월 11일은 사람들에게 솔로의 날보다 '쇼핑데이'라는 인식이 더 강해져 중국 내 소비자들뿐만 아니라 해외 소비자들도 중국에서 대규모로 쇼핑을 합니다.

매년 매출액을 경신하고 있는 이 광군제는 소비촉진이라는 긍정적인 작용도 있지만 물질만능주의를 부추기고, 택배로 인해 환경을 파괴한다는 지적도 끊임없이 제기되고 있습니다.

UNIT

09

穿汉服的女孩儿

전통의상을 입는 소녀

학습 내용

• 90년대생 소녀 룽지아옌은 중국 전통의상 문화에 대한 사랑으로 전통의상 독학에 몰두하였습니다. 현재는 창샤 전통의상계에서 명성이 조금 있는 스타가 되었을 뿐만 아니라 자신만의 전통의상 작업실도 열었습니다.

학습 목표

• 중국의 전통의상에 대해서 배워보고, 중국 전통문화의 매력에 빠져 중국 전통문화를 현대인의 생활 속에 접목시키기 위한 20세 소녀의 노력을 살펴보도록 합니다.

전통의상을 입는 소녀

전통의상에 대한 한 편의 티저 영상을 본 후, 룽지아옌(龙佳言)은 이 의상을 사랑하게 되었습니다. "영상 속의 단아한 전통의상이 왜 지금 시대에는 유행하지 않을까요?" 그녀는 전통의상에 관한 대량의 서적과 자료를 읽은 후, 아르바이트를 해서 모은 돈을 가지고 원단 시장에 가서 원단과 재단 도구를 구입하여 전통의상을 만들어 보기 시작했습니다.

창샤(长沙)의 10여㎡ 되는 작업실에서 그녀는 최근에 겨우 만든 전통의상 한 벌을 정리하고 있습니다. 이 전통의상을 만들기 전에 15일이 넘는 시간을 들인 전통의상 세 벌을 버렸습니다.

2013년 10월 룽지아옌은 간직하며 모아둔 돈과 빌린 돈 2만 위안을 합쳐 자신의 전통의상 작업실을 차렸습니다. 그녀는 고서에서 전통의상 디자인을 공부하였고 스스로 재단하여, 더욱 세련되고 현대적인 느낌이 있는 전통의상을 만들었습니다.

자주 원단 시장에 가는 그녀는 원단의 재질과 가격에 대해 거의 잘 알고 있습니다. 그녀는 자신에 대한 요구가 항상 엄격하여 매번 원단 재단을 정확하게 하려고 노력합니다.

룽지아옌이 처음 전통의상을 만든 것은 2012년 9월 18로, 그 당시 자신이 한 땀 한 땀 3일을 꼬박 만들어 완성했다고 하였습니다.

1년 전 그녀는 온라인 쇼핑몰 여는 것을 배웠고, 지금은 전국 각지의 온라인 쇼핑몰 고객들이 그녀가 제작하거나 대여하는 전통의상을 찾습니다.

그녀는 고객이 사용하고 반납한 전통의상을 분류해서 세탁합니다. 그녀는 "한 번 입은 옷은 반드시 세탁해야 해요. 그렇지 않으면 다른 고객에게 대여해 줄 때 위생적이지 않을 수 있거든요."라고 말합니다.

룽지아옌은 전통의상을 입고 지하철을 탑니다. 이것은 그녀가 처음으로 창샤의 지하철을 느껴보는 것으로, 전통의상을 입은 그녀는 인파 속에서 유독 눈길을 끕니다.

부드럽고 우아하며, 은근하면서도 참신한 전통의상의 색상은 사람들의 눈과 마음을 즐겁게 합니다. 전통의상과 어울리는 머리 장식도 어느 정도 신경 쓴 것입니다. 그러나 그녀는 일상생활 속에서는 자신이 착용하기에 편리하고 예쁘기만 하면 된다고 생각합니다.

매일 자기 전, 롱지아옌은 컴퓨터 앞에 앉아 전통의상에 관한 지식을 검색합니다. 그녀는 항상 자신이 중국의 전통문화에 대해 아는 것이 적다고 생각합니다. 요즘은 자신의 지식 충전을 위해, 여가시간에는 선생님이나 전문가에게 중국 전통문화에 관한 가르침을 부탁하고, 전통의상 문화 강좌에 자주 참석합니다.

바로 이 90년대생 소녀는 중국 전통의상 및 문화에 대한 사랑으로 열심히 독학하여 현재 이미 창샤 전통의상계에서 명성이 조금 있는 스타입니다. 그녀는 전통의상의 일상화와 전통의상을 유행 추세에 맞게 만들어 더욱 많은 사람들을 매료시켜 전통의상의 아름다움을 함께 느끼길 바랍니다.

To 栀子
感谢萌萌的栀子姐~.
如果以后有第二届的话
还是希望能够合作~.
下一次不跟别人合伙
走支付宝就不会拖沓
了~
感谢你的鼎力相助~
么么哒~. >w<
By.小若

그림 설명(중국 전통의상을 대여한 고객이 반납할 때 쓴 감사 편지)

TO. 치자언니

귀여운 치자언니 감사합니다. 혹시라도 다음에 기회가 있으면 다시 빌리고 싶네요. 다음에는 다른 사람들에게 부탁하지 않고 알리페이로 결제하면 늦지 않을 거예요. 도와주셔서 감사해요. 쪽쪽~

BY 샤오뤄

1 才 그제서야, 겨우

부사 ‘才’는 술어 앞에 쓰여 ‘늦음, 느림, 쉽지 않음, 순조롭지 않음’을 나타낸다. 또한, ‘수가 작고 횟수가 적으며 능력이 좋지 않음’을 나타내기도 한다.

龙佳言正在整理她最近才做的一件汉服。

正在: ~하고 있는 중이다[진행]　才: 그제서야, 겨우

▶ 学习时找到学习的重点才能取得好成绩。
공부할 때 학습의 핵심을 찾아야지만 좋은 성적을 얻을 수 있다.

▶ 看上去自然、舒服的打扮才会让自己更漂亮，给别人留下更好的印象。
보기에 자연스럽고 편안한 치장이야말로 자신을 더욱 예쁘게 만들고 다른 사람들에게 더 좋은 인상을 남긴다.

2 成 ~이 되다

‘成’은 동사 뒤에 보어로 쓰여 ‘동작 혹은 행위가 변화하여 다른 것이 됨’을 나타낸다.

龙佳言做成第一件汉服，是在2012年9月18日。

做成: ~이 되다

▶ 有些人习惯把一些事情分成几个时间段去做。
어떤 사람들은 습관적으로 일부 일들을 몇 개의 시간대로 나누어서 한다.

▶ 我这才发现，刚才那张难过的脸，竟然变成了笑脸。
나는 이제서야 방금 그 속상한 얼굴이 뜻밖에도 웃는 얼굴로 변해 있는 것을 발견했다.

重点 zhòngdiǎn 명 핵심, 중점 | **难过** nánguò 형 괴롭다, 슬프다 | **竟然** jìngrán 부 뜻밖에, 의외로

3 自 ~로부터

'自'는 전치사로 시간, 장소를 나타내는 명사와 함께 동사 앞에 놓여 '시간 또는 장소의 기점'을 나타내기도 하지만, 동사 뒤에 쓰여 '사물의 근거나 출처, 근원, 연원'을 나타낸다.

现在经常会有来自全国各地的网友找她定制或租借汉服。

自 → ~로부터　　或 → ~ 혹은 ~

▶ 来自大自然的风雨声、某些乐器的声音都有很好的减压效果。
대자연에서 온 바람과 비의 소리, 어떤 악기의 소리는 모두 스트레스를 감소시키는 좋은 효과가 있다.

▶ 这个故事出自哪本书?
이 이야기는 어느 책에서 나온 거예요?

4 要不然 그렇지 않으면

'要不然'은 접속사로 '그렇지 않으면'이라는 뜻이다. '要不然' 뒤의 문장은 앞의 문장에 따른 결과나 추론을 나타낸다. '要不然' 대신에 '否则'를 쓸 수도 있다.

穿过一次的服装必须洗一遍，要不然再租借给别的顾客会不卫生。

一次 → 한 번 [반복적으로 일어날 수 있는 동작의 횟수]　　一遍 → 한 번 [처음부터 끝까지]　　要不然 → 그렇지 않으면　　租借给 → ~에게 빌려주다

▶ 幸亏你提醒我，要不然我差点儿忘掉。
다행히 네가 일깨워줬기에 망정이지 그렇지 않았으면 나는 하마터면 잊어버릴 뻔했다.

▶ 我们现在就得去，要不然来不及了。
우리는 지금 바로 가야 해, 그렇지 않으면 늦어.

乐器 yuèqì 명 악기 | **减压** jiǎnyā 동 스트레스가 줄다 | **幸亏** xìngkuī 부 다행히, 운 좋게 | **提醒** tíxǐng 동 일깨우다 | **差点儿** chàdiǎnr 부 하마터면

1 关于 VS 对于

	关于 guānyú 전 ~에 대해	对于 duìyú 전 ~에 대해
차이점	① 뒤에 나오는 대상은 주로 어떤 동작이 미치는 사람 혹은 사물을 언급하는 범위나 내용을 가리키는데, 품사로는 명사가 온다. 예 那位作家写过一篇关于他母亲的文章。 그 작가는 그의 어머니에 관한 글을 한 편 쓴 적이 있다.	① 뒤에는 주로 동작 행위의 대상을 나타내는 명사가 오며, 두 사물 간의 어떤 대응관계를 표시하는 데 사용된다. 예 人们通常认为，消费者对于汽车品牌的喜爱程度主要受汽车性能的影响。 사람들은 일반적으로 자동차 브랜드에 대한 소비자의 호감 정도는 주로 자동차 성능의 영향을 받은 것이라고 생각한다.
	② '关于 + 명사'는 관형어 역할도 하지만, 부사어로 사용되기도 하는데, 부사어로 쓰일 때는 주어 앞 자리에만 올 수 없다. 예 关于这块牌匾，民间流传着这样一个传说。 이 편액에 관하여 민간에는 이러한 전설이 전해지고 있다.	② '对于 + 명사'가 부사어로 사용될 때는 주어 앞이나 뒤에 모두 놓일 수 있다. 예 机会对于任何人都是公平的。 기회는 어떤 사람에 대해서든 모두 공평하다.

2 流行 VS 时髦

	流行 liúxíng 명 동 유행(하다), 성행(하다)	时髦 shímáo 명 형 유행(이다), 현대적(이다)
차이점	색상, 디자인, 노래, 형식 등이 광범위하게 사용되거나 채용된다는 의미를 나타낸다. 예 人们开始喜欢购买自然和健康的产品，布鞋尤其是手工布鞋又重新流行起来。 사람들은 자연스러우면서도 건강한 상품을 구매하는 것을 좋아하여, 헝겊신발 특히, 수공 헝겊신발이 다시 유행하기 시작했다.	일반적으로 복식, 관점, 생각, 일하는 방법 등에서 당시의 흐름을 좇아감을 의미한다. 예 这种帽子看上去很时髦，在市场上很受欢迎。 이런 종류 모자는 현대적으로 보여 시장에서 매우 인기가 있다.
搭配	…音乐(음악), …歌曲(노래), …款式(디자인), …颜色(색상)	衣着(옷차림)…, 思想(사상)…, 做法(방법)…, 赶(쫓다)…, 款式(디자인)…

牌匾 páibiǎn 명 편액, 간판 | 传说 chuánshuō 명 전설 | 品牌 pǐnpái 명 상표, 브랜드 | 性能 xìngnéng 명 성능 | 布鞋 bùxié 명 헝겊신 | 手工 shǒugōng 명 수공, 세공

3 整理 VS 收拾

	整理 zhěnglǐ 명 동 정리(하다), 정돈(하다)	收拾 shōushi 동 치우다, 정돈하다
차이점	어떤 규율에 따라 난잡한 물건이나 방 등을 규모 있게 정리한다는 뜻을 강조한다. 예 这么多材料，一天的时间怎么可能整理完呢？ 이렇게나 많은 자료를 어떻게 하루에 정리할 수 있어요?	'가지런히 정돈하다'라는 의미를 나타내며, 그 외에도 '수리하다, 혼내다, 죽이다, 없애다' 등과 같은 의미도 있다. 예 昨天晚上我就把行李收拾好了。 어제 저녁에 내가 짐을 다 정리했어. 예 你去把他收拾收拾。 네가 가서 그를 좀 혼내줘.

4 严格 VS 严肃

	严格 yángé 형 엄격하다, 엄하다	严肃 yánsù 형 (표정·분위기가) 근엄하다, 엄숙하다
차이점	제도 집행, 기준 관리 등을 할 때 요구를 엄격히 한다는 뜻이며, '엄격하게 하다'라는 의미도 나타낸다. 예 妈妈对女儿要求十分严格，希望女儿考试次次拿第一。 엄마는 딸에 대한 요구가 매우 엄격하여 딸이 시험에서 매번 1등 하기를 바란다.	어떤 사람의 표정 혹은 상황, 분위기가 사람을 제멋대로 할 수 없게 한다는 의미를 나타낸다. 또한, 일을 할 때 태도가 진지하고 엄숙한 것을 나타내기도 한다. 예 张教授虽然看着很严肃，但其实对人很亲切。 장 교수님은 비록 근엄해 보이지만 사실은 사람들에게 매우 친절하시다.
搭配	…管理(관리하다), …控制(제어하다), …训练(훈련하다), …要求(요구하다)	表情(표정)…, 气氛(분위기)…

次次 cìcì 매번

옷이 날개다

중국인은 항상 '사람은 옷이 날개고 말은 안장이 날개다'라고 합니다. 이 뜻은 옷차림이 한 사람의 품위와 소양을 보여줄 수 있다는 것으로, 이것을 통해 중국인들이 옷차림을 중요시 한다는 것을 알 수 있습니다.

삼황오제(黃帝)부터 명말청초(明末清初)까지 기나긴 역사과정 속에서 한(汉)민족은 독특한 민족특성, 다른 민족과 구별되는 전통복장인 중국 전통의상을 형성시켰습니다. 전통의상은 중화민족의 땅에서 생성되었지만 전체 중국문화권에 영향을 주었고, 우리는 많은 아시아 국가와 지역의 전통복장에서 전통의상의 영향을 엿볼 수 있습니다.

전통의상 외에도 치파오(旗袍) 역시 중국의 유구한 복장문화를 보여주는 것 중의 하나입니다. 민국시기(民国时期)의 여성들은 서양문화와 여성해방 사상의 영향 아래 중국전통 포복(袍服)을 부단히 개량하여 '허리를 타이트하게 하고, 양 옆 옷자락을 트고, 소맷자락을 줄였습니다.' 중국 여성의 아름다운 라인을 잘 돋보이게 하는 치파오는 당연히 여성들에게 큰 인기를 끌게 되었고, 지금까지도 여전히 많은 여성들은 비교적 정식적인 장소에서 치파오를 입어 치파오의 미를 뽐내길 좋아합니다.

신중국(新中国)이 건립된 후, 긴 시간 동안 중국인들의 의상은 진한 색의 중산복(中山装)이 위주였습니다. 개혁개방 이후, 서양의 남성 양복과 여성 패션이 그제서야 중국으로 밀려들었고, 중국인의 옷차림이 세계와 연결되기 시작했으며, 세계의 유명 의상 브랜드에 대해서도 점점 익숙해져 갔습니다. 더욱더 많은 중국인들이 세계로 나아감에 따라, 중국인들의 옷차림에 대한 추구가 개성화, 다원화로 바뀌기 시작했고, 모두들 더 이상 그저 단순하고 맹목적으로 '유행'을 따르지 않고 자신이 좋아하고 자신에게 어울리는 옷차림을 선택하기 시작했습니다.

최근 더욱더 많은 중국의 지도자들 혹은 글로벌 스타들은 국제무대에서 중국의 아름다움이 넘치는 스타일의 중국식 의상을 사람들에게 보여주길 원하고, 마고자 기반에 차이나넥과 서양의 입체적인 디자인을 더한 '중국식 옷'이 한동안 크게 인기를 끌었습니다. '전통의상 운동'도 중국 젊은이들 사이에서 점차 유행하고 있으며 이런 현상의 출현은 민족신분에 대한 중국인들의 친밀감과 문화적 자신감의 소생 그리고 전통문화의 뿌리 탐구를 반영합니다.

아래의 QR코드를 스캔하여 중국 전통의상에 대해 노래한 《汉家衣裳(중국 전통의상)》을 감상하고 그 아름다움을 느껴보세요.

《汉家衣裳》

작사·작곡·노래: 孙异

가사

小时候我做过一个梦 어렸을 때 나는 꿈을 꾸었지
藏在心中永难遗忘 마음속에서 영원히 잊혀지지 않는 꿈
梦里我有一件美丽衣裳 꿈속에서 나는 아름다운 옷이 하나 있었지
衣袖飘飘衣带飞扬 옷소매가 나는 듯 휘날렸지
多年以来我苦苦地找寻 나는 수년 동안 열심히 찾아 다녔어
梦中那件美丽衣裳 꿈속의 그 아름다운 옷
偶尔有人听说她的消息 가끔 누군가 그녀의 소식을 묻지만
却茫然不知她的去向 그러나 여전히 그녀의 행방을 몰라
你可曾见我汉家衣裳 너는 우리의 전통의상을 본 적 있니?
世界上最美丽的衣裳 세계에서 가장 아름다운 옷
她失落在多年以前的黑夜 그녀는 몇 년 전에 어둠 속에서 길을 잃었고
苍天不语日月无光 창천은 처참한 상황인 것을 말하지 않지
经过多少岁月的沧桑 여러 세월의 상전벽해를 거쳤으나
当年的梦仍难遗忘 그 해의 꿈은 여전히 잊혀지지 않아

중국 전통의상

- 치파오(旗袍): 만주족(满族) 여성의 전통의상에서 유래된 것으로 20세기 초 중화민국의 의상 디자이너가 만주족 여성의 전통복장 기초 위에 서양문화를 참고하여 설계한 복장이었습니다. 1929년 중화민국 정부가 국가 예복의 하나로 지정하였고, 중화민국 이후 상하이, 베이징 등지의 한족 여성들이 이 기초 위에 여성의 바디라인을 드러내고 곡선미를 뽐낼 수 있는 요소를 더하여 지금의 치파오가 되었습니다. 치파오의 몸에 딱 맞는 형태는 여성미를 잘 보여줄 수 있으며 치마의 옆트임은 실용성과 여성미를 강조합니다. 면으로 만든 실용적인 것에서부터 비단에 여러 가지 자수를 놓아 화려하게 만든 것까지 다양합니다. 1930년대 초반에는 서양의 미니스커트 영향으로 치마와 소매길이가 짧아졌다가 1930년대 중반에 다시 길어졌습니다. 1940년대에 들어와 실용성이 강조되면서 길이가 다시 짧아져 종아리까지 올라갔습니다. 문화대혁명 시기에 다른 전통문화와 마찬가지로 치파오 역시 쇠퇴기를 맞았으나 현재는 다양한 옷감과 디자인으로 중국의 예복으로 자리잡았습니다.
- 중산복(中山装): 손문(孙文)의 이름을 따서 이름이 지어진 옷입니다. 1912년 신해혁명(辛亥革命)이 성공한 이후 여러 가지 개혁이 있었는데 그 중 가장 중요한 개혁이 바로 변발 자르기와 의복이었습니다. 그 당시 사람들이 입었던 마고자가 시대에 부합하지 않고 일상생활에 불편함을 초래한다고 생각하여 서양에서 유입된 양복을 중국인에게 어울리게 디자인 한 것이 지금의 중산복입니다. 우리가 흔히 공산당을 떠올렸을 때 연상되는 옷이 바로 중산복으로, 1980년대 이전 중국 민중들의 주요한 복장양식이자, 모택동, 주은래, 등소평, 강택민 등 모두 자주 중산복을 입었고, 특히 모택동은 자주 중산복을 입고 외국 손님을 접견하였기 때문에 서양 사람들은 중산복을 마오장(毛装)이라 불렀습니다.

UNIT

10

“影痴”刘老师

‘영화 바보’ 리우 선생님

학습 내용

• 리우이는 다롄이공대학 석사를 졸업하고 지금은 선양의 한 대학교에서 선생님으로 있는 영화 마니아입니다. 인생의 배역은 자신이 속한 상황을 잘 연기하는 것이 중요한데, 그는 오히려 인생의 감독이 되고 싶어합니다.

학습 목표

• 영화 촬영과 관련된 어휘를 파악하고 중국 3대 영화상에 대하여 알아보도록 합니다.

'영화 바보' 리우 선생님

인생의 가장 좋은 역할은 자신이 속한 상황을 잘 연기하는 것인데, 어느 80년대 생 대학교 선생님은 오히려 자신의 인생의 감독이 되어 자신이 만든 시나리오에서 자유롭게 헤쳐나가고 싶어합니다. 그의 이름은 리우이(刘燚), 다롄이공대학(大连理工大学)에서 석사를 졸업하고 지금은 선양의 한 대학교에서 선생님을 하고 있습니다. 경력이 풍부한 영화 마니아인 그는 1만 편에 달하는 영화를 보았고, 여러 해 전 영국에서의 짧은 유학기간 동안 1백 편에 달하는 영어연극도 관람했습니다.

2012년, 리우이는 업무 외의 시간에 웹드라마 대본을 쓰기 시작하여 상도 거머쥐었습니다.

영화에 대한 리우이의 꿈은 어렸을 때부터 싹트기 시작했습니다. 7살 때 그는 영화 보는 것을 좋아했으며 집에 있는 비디오가 그의 보물이었습니다. 대학에 간 이후에는 거의 매일 영화를 보았고, 영화 뒤의 그 '배역'은 그가 좇는 꿈이 되었습니다. 리우이는 집에 세계적으로 유명한 영화 CD를 많이 모아 두었습니다.

리우이는 대학 때부터 대본을 쓰기 시작했고, 지금까지 웹드라마 대본을 20여 편이나 썼습니다. 그 중 10편은 이미 촬영하였고 거의 모두 상을 받았습니다. 전문심사위원에게 인정을 받고 나서 그는 자신의 꿈에 대해 더욱 확신이 생겼습니다. 그의 수입은 많지 않지만 2년 동안 돈을 모아 몇 만 위안이나 되는 비싼 촬영 설비를 구입하였습니다.

2013년, 그가 제작, 대본, 감독, 배우 등의 역할을 겸임한 《밤길(夜路)》은 웹드라마 대회에 참가하여 우수작품상을 받았습니다. 이때부터 그는 자신만의 영화제작의 길을 걷기 시작하였습니다. 올해 제1회 랴오닝 웹드라마 대회에서 똑같이 그가 제작, 대본, 감독, 배우 등의 역할을 겸임한 《사과(苹果)》는 최고(最高)상을 수상하였습니다.

평소에 정상적으로 수업하는 것을 제외하고 그의 머릿속에는 온통 시나리오 생각뿐입니다. 대부분 집 거실 벽에 투사되는 영화가 그의 저녁식사 후의 최고의 '친구'입니다. 이로 인해 그는 종종 결혼한

지 4년이 된 아내를 소홀히 할 때도 있지만, 아내는 그를 매우 응원해주고 있습니다. 아내의 휴식에 영향을 주지 않기 위해 그는 침실 문밖에 간이침대를 설치해 가끔 영화를 보다 너무 늦으면 침실 문밖 침대에 누워 자기도 합니다.

너무 바쁘기 때문에 결혼한 지 4년이 지났지만 그는 아직 아이를 원치 않습니다. 그러나 그는 아이를 매우 좋아하여 매번 영화 속 아버지 배역이 있으면 항상 자발적으로 그 배역을 맡습니다.

2014년 10월 리우이는 상영관 영화를 평론하는 인터넷 프로그램인《영화 풍향계(院线风向标)》를 만들었고, 매주 한 번 최신 상영작인 영화를 평론하고 추천합니다.

고정 스튜디오가 없어서 리우이는 영화를 사랑하는 친구의 회사 혹은 집에 가서 그의 영화 평론 영상을 찍습니다. 리우이는 만능이어서《영화 풍향계》의 자료 수집, 편집, 방송을 모두 혼자서 합니다.

가끔 그는 밖에서 영화를 찍다 한밤중이 되어서야 끝나곤 하는데, 이것 때문에 그의 정상업무와 수업을 그르친 적은 없습니다. 한 번은 영화를 촬영하다 실수로 발목을 삐어 보름 동안 절뚝거리면서 학생들에게 수업하러 다녔습니다.

리우이는 일도 열심히 하고, 수업도 유머러스하고 흥미롭게 합니다. 그의 수업시간에는 항상 웃음소리를 들을 수 있습니다. 여가시간이나 혹은 주말에 그는 항상 영화 강좌나 포럼에 참가하는데, 선양 영화권에서 조금 인기가 있습니다.

지출을 줄이기 위해 리우이는 종종 무료로 촬영할 수 있는 곳에 연락합니다. 몇 년 새 그의 발자취가 선양 구석구석에 서려있게 되었습니다. 현재 리우이는 자신의 첫 인터넷 영화를 준비하고 있으며 올해 촬영을 시작할 예정입니다. 동시에 그는 영화관에 상영될 자신의 첫 영화 대본도 구상하고 있습니다.

1 却 그러나

'却'는 부사로 '그러나, 오히려'라는 의미를 나타내며 반드시 주어 뒤에 와야만 한다.

而一位80后大学教师，却想当自己人生的导演，……

却: 오히려, 그러나　想当自己人生的导演: ~감독이 되다

▶ 他学的是法律，但他却不想成为一名律师。
그가 배운 것은 법률이지만 그는 오히려 변호사가 되고 싶어하지 않는다.

▶ 我从来没有来过这儿却对这里有种熟悉的感觉。
나는 여태껏 이곳에 와본 적이 없지만 오히려 이곳에 익숙한 느낌이 있다.

2 几乎 거의, 다

'几乎'는 '거의, 다'라는 의미의 부사로 술어 앞에 사용되며 뒤에 '都 dōu', '全部 quánbù', '所有 suǒyǒu'와 같은 부사나 명사와 같이 사용해서 쓰기도 한다.

其中10部已经拍摄，而且几乎全部获过奖。

几乎: 거의, 다　获过奖: ~상을 받다

▶ 这次来应聘的几乎都是刚毕业的年轻人。
이번에 지원한 사람들은 거의 모두 막 졸업한 젊은이들이다.

▶ 几乎所有人都觉得我放弃了一个很好的机会。
거의 모든 사람들이 다 내가 좋은 기회를 포기했다고 생각한다.

熟悉 shúxī 형 익숙하다, 잘 알다 | 应聘 yìngpìn 동 지원하다

3 获得 얻다, 획득하다

동사 '获得'는 '얻다, 획득하다'의 의미로, 뒤에 오는 목적어는 주로 긍정적인 의미를 나타내는 명사, 즉 '经验 jīngyàn(경험)', '掌声 zhǎngshēng(박수)', '机会 jīhuì(기회)', '表扬 biǎoyáng(칭찬)', '尊重 zūnzhòng(존중)', '原谅 yuánliàng(용서)' 등과 자주 결합하여 쓰인다.

他兼任制片……等职的作品《夜路》参赛，并获得微电影优秀作品奖。

~직을 겸임하다　　~상을 받다

▶ 他获得了更大的收益。 그는 더 많은 수익을 얻었다.

▶ 她是一个电梯工，工作很勤奋，获得住户的一致好评。
그녀는 엘리베이터 층을 눌러주는 사람으로 일을 열심히 하여 입주자들의 한결같은 호평을 얻고 있다.

4 보어 上 ~하기 시작하다

'上'은 동사 뒤에 보어로 쓰여 '시작'과 '계속'을 의미한다.

从此他便开始踏上了属于自己的影视制作道路。

~하기 시작하다　　~한 길에 올라서다

▶ 他开始喜欢上了读书。 그는 독서를 좋아하기 시작했다. [시작]

'上'은 보어로서 이외에도 '목적의 달성, 부착, 첨가, 합침, 닫힘' 등의 의미를 나타낸다.

▶ 他考上大学了。 그는 대학에 합격했다. [목적의 달성]

▶ 外边很冷，你穿上大衣吧。 밖에 추워요. 코트 입어요. [부착]

▶ 闭上眼睛。 눈을 감으세요. [닫힘]

收益 shōuyì 명 수익 | 勤奋 qínfèn 형 부지런하다 | 一致 yízhì 형 일치하다 | 好评 hǎopíng 명 호평

1 所 VS 家

	所 suǒ 양 개, 곳, 군데 [병원·학교 등을 세는 단위]	家 jiā 양 가정·가게·기업 등을 세는 단위
차이점	비영리 집단 및 집을 세는 양사이다. 예 他是这所医院的医生。 그는 이 병원의 의사이다.	영리 집단을 세는 양사이다. 예 这家饭店的饺子很好吃。 이 식당의 교자만두는 맛있다.
搭配	…医院(병원), …学校(학교), …房子(집)	…饭馆(식당), …银行(은행), …公司(회사)

2 坚定 VS 坚决

	坚定 jiāndìng 형 확고하다, 굳다 동 확고히 하다	坚决 jiānjué 형 단호하다, 결연하다 부 단호하게, 결연하게
차이점	형용사와 동사로 쓰여 '확고하다, 동요되지 않다, 굳건하다'는 의미를 강조한다. 예 只有将眼光坚定不移的聚焦在人生目标上的人才会少走弯路。 시선을 흔들림 없이 인생의 목표상에 맞춘 사람만이 나쁜 길로 빠지지 않는다. [형용사] 예 这也坚定了他和他的团队继续完善创业的决心。 이것 또한 그와 그의 팀이 계속해서 창업을 완벽하게 하는 결심을 굳건히 해주었다. [동사]	형용사로 쓰여 '주저함이나 망설임 없이 단호하다'는 의미를 강조하며 부사로도 사용할 수 있다. 예 对于这件事，他的态度很坚决。 이 일에 대해서 그의 태도는 매우 단호하다. [형용사] 예 他坚决要求改善工作条件。 그는 단호하게 업무 조건을 개선해달라고 요구했다. [부사]
搭配	…的立场(~한 입장), …的观点(~한 관점), …的主张(~한 주장)	…反对(반대하다), …完成任务(임무를 완성하다), …改正(시정하다)

眼光 yǎnguāng 명 안목, 시선 | **聚焦** jùjiāo 동 초점을 모으다 | **弯路** wānlù 명 굽은 길, 우여곡절 | **团队** tuánduì 명 단체, 대오 | **创业** chuàngyè 동 창업하다

3 设备 VS 设施

	设备 shèbèi 명 설비, 시설	设施 shèshī 명 시설
차이점	어떤 작업을 진행하거나 어떤 필요를 만족시키는 데 사용되는 한 세트의 기물을 말한다. 예 工厂需要进口一批设备。 공장은 한 더미의 설비를 수입해야 한다.	'设备'보다 범위가 넓으며 기구, 조직, 시스템, 건축물 등 필요를 만족시키기 위해 만든 것들을 말한다. 예 那儿设施非常齐全，游客特别多。 그곳의 시설은 아주 완벽히 갖춰져 있어서 여행객들이 매우 많다.
搭配	医疗(의료)···, 办公(사무)···, ···管理(관리)	公共(공공)···, 生活(생활)···, 服务(서비스)···, 交通(교통)···

4 道路 VS 马路

	道路 dàolù 명 도로, 길	马路 mǎlù 명 (도시·근교의) 대로, 큰길
차이점	사람이나 차량이 다니도록 제공되는 큰 길 또는 농촌의 좁은 길 등을 모두 포함하며 추상적인 의미도 나타낼 수 있다. 예 为了能及时了解道路情况，我开车时习惯听交通广播。 도로 상황을 즉시 알기 위하여, 나는 운전할 때 습관적으로 교통방송을 듣는다. 예 在人生的道路上，你选择了什么? 인생의 길에서 당신은 무엇을 선택했습니까?	도시에서 사람이 통행하고 차가 다니는 대로를 말하며, 농촌의 좁은 길 등에는 쓰이지 않는다. 예 他们安全地穿过了马路。 그들은 안전하게 길을 건넜다.

进口 jìnkǒu 동 수입하다 | **齐全** qíquán 형 완전히 갖춰져 있다, 구비되어 있다 | **广播** guǎngbō 명 방송 | **穿过** chuānguò 동 통과하다, 관통하다, 건너다

중화권 3대 영화상

중국영화 금계상(金鸡奖), 홍콩영화 금상상(金像奖), 대만영화 금마상(金马奖)은 중화권 3대 영화상이라고 불립니다.

중국영화 금계상은 중국 대륙 영화계에서 가장 권위적이고 가장 전문적인 영화상입니다. 1981년에 창립되었는데 그 해가 음력으로 닭의 해여서 이름을 얻게 되었습니다. 금계상은 수십 명의 전문가 심사위원들이 심사평가단을 만들어 집중적으로 영화를 관람하고 투표로 수상자를 뽑기 때문에 '전문가상(专家奖)'이라고도 부릅니다. 금계상의 트로피는 목을 뺀은 금계(金鸡)인데, 그 뜻은 금계의 새벽울음소리로 영화 종사자들을 분발하게끔 격려한다는 의미입니다. 금계상은 20여 개의 수상부문이 있고 2년에 한 번씩 개최됩니다.

홍콩영화 금상상은 1982년에 창립되었습니다. 금상상의 심사제도는 오스카상(奥斯卡金像奖)과 비슷하며, 영화인들이 전면적으로 주도하고 참여하는 영화상입니다. 금상상의 트로피는 손에 천체를 들고, 몸은 필름으로 감겨 있으며, 자태가 의욕적이며 동경으로 가득한 여신의 형상이어서 트로피 이름이 '별빛영예(星光荣耀)'라고 불립니다. 매년 금상상 시상식은 중국 홍콩 영화계 연도에서 가장 중요한 행사로 일반적으로 4월 중순에 개최되며 20여 개의 수상부문이 있습니다.

1962년에 창립된 금마상은 중국 대만지역에서 주최하는 영화 시상식입니다. 매년 1회 개최되며 금마상의 심사대상은 모든 중화권 영화와 영화인들이며, 중화권 영화계에서 역사가 가장 유구한 상입니다. 금마상의 트로피는 하늘로 뛰어오르는 의기양양한 말입니다.

이 세 개의 영화 시상식은 중화권 영화의 발전에 큰 촉진 작용을 하고 있으며 다년간 많은 우수한 영화작품과 영화 종사자들을 표창하였습니다. 배우 주쉰과 장쯔이는 자신이 출현한 영화에서 뛰어난 연기력으로 잇따라 이 세 개 영화시상식 최우수 여주인공상을 모두 거머쥐었습니다.

중국의 영화 산업은 1970년대 들어 엄청난 발전을 이루게 되면서 중국 내에서는 물론 국제영화제에서의 수상작도 따라서 늘어나게 되었습니다. 아래의 국제영화제에서 상을 받은 중국 영화 중, 어떤 영화를 본 적이 있나요? 아래 영화에 대해 각각 알아보세요.

1. **≪책상 서랍 속의 동화(一个都不能少)≫ 장이머우(张艺谋) 감독/ 1999년 상영**

   1999년 베네치아 국제 영화제 황금사자상 수상을 수상한 영화. 시골학교 임시교사가 된 13세 소녀가 가출 학생을 찾아 도시로 떠나면서 벌어지는 이야기로 중국 시골마을의 생활상과 낙후된 교육 환경을 보여줌.

2. **≪쉬즈 더 원(非诚勿扰)≫ 펑샤오강(冯小刚) 감독/ 2008년 상영**

   2004년 경제지 '비즈니스위크'에서 '아시아 스타 25인'으로 선정된 중국의 영화감독 펑샤오강의 영화. 청년 시절에 미국으로 유학을 떠났다가 중년이 되어서야 중국으로 돌아온 40대 남자 천펀이 구혼 활동 중에 만난 여성들을 통해 겪게 되는 황당하고도 낭만적 사건 사고를 다룬 내용으로 사회주의 국가인 중국의 모습을 생생하게 그려냄

3. **≪아메리칸 드림 인 차이나(中国合伙人)≫ 천커신(陈可辛) 감독/ 2013년 상영**

   아메리칸 드림을 꿈꾸는 세 청년의 이야기로, 개혁개방이 시작된 중국에서 미국에 대한 꿈을 꾸며 살아가는 세 청년의 삶을 보여줌

4. **≪산하고인(山河故人)≫ 지아장커(贾樟柯) 감독/ 2015년 상영**

   2015년 칸 영화제 경쟁부문에 출품되어 황금종려상에 노미네이트 됐었던 영화. 지아장커 감독의 청년 시절을 회고하며, 과거 1999년부터 2014년 오늘 그리고 2025년 미래에 이르기까지 사랑과 우정, 그리고 인생에 대한 이야기를 담고 있음

중국 영화의 탄생

중국 영화의 탄생은 1905년으로 거슬러 올라갈 수 있습니다. 《펑타이 사진관(丰泰照相馆)》을 만든 런칭타이(任庆泰)가 촬영한 《딩쥔산(定军山)》이 바로 중국인이 직접 촬영한 최초의 영화이며, 1896년 8월 11일, 상하이 쉬위안(徐园)에서 방영한 《서양 그림자극(西洋影戏)》이 중국 최초의 영화 상영작이다.

사인방이 해체된 후 1977년부터 영화 산업이 다시 발전하기 시작하여 1980~1984년 사이에는 120여 편에 달하는 영화가 제작되었고, 매년 관중이 250억 명에 달하여 이때가 바로 중국 영화가 흥행하기 시작한 시기라고 볼 수 있다. 2012년에는 750여 편을 웃도는 중국영화가 쏟아져 나왔고 2013년 한해 동안 박스오피스는 217.69억 위안에 달했다.

중국 영화의 국제영화제 수상작을 살펴보면, 처음으로 베를린 영화제에서 최고상을 수상한 작품은 장이머우(张艺谋) 감독의 《붉은 수수밭(红高粱)》이며, 처음으로 베니스 국제영화제 최고상을 수상한 영화는 허우샤오시엔(侯孝贤) 감독의 《비정성시(悲情城市)》이다. 또한, 우리나라에도 잘 알려진 천카이거(陈凯歌) 감독의 《패왕별희(霸王别姬)》는 중국 영화 최초로 국제 깐느영화제에서 최우수상인 황금종려상을 수상하였다.

11

白领双城生活

직장인의 두 도시 생활

학습 내용

- 루첸위는 매일 고속철도, 버스, 지하철 세 종류의 교통수단을 타고 출근합니다. 빠르고 편리한 도시 간 고속철도가 그녀로 하여금 가족의 사랑과 사업을 모두 다 갖게 해 주었습니다.

학습 목표

- 중국 젊은이들의 생활방식이 도시 간 고속철도 발전으로 인해 변화하고 있습니다. 고속철도를 이용하여 두 도시에서 생활하는 젊은이들의 삶을 알아보고 중국 교통수단 발전에 따른 외출 방식의 변화를 공부해 봅니다.

직장인의 두 도시 생활

루첸위(卢芊羽)는 장쑤성(江苏省) 쿤산시(昆山市)에 살고 근무는 상하이 자베이구(闸北区)에서 하고 있는데, 두 도시는 50여㎞ 떨어져 있습니다. 까오티에(高铁, 시속 300㎞/h 이상) 혹은 둥처(动车, 시속 200㎞/h 이상)•의 급행을 타면 19분에 교통비 24위안, 여기에 쿤산시에서 타는 버스 15분에 교통비 2위안, 상하이에서 지하철 탑승 20분에 교통비 3위안으로 약 1시간 후에 루첸위는 쿤산의 집으로부터 상하이의 회사까지 출근이 가능합니다. 그리고 1시간의 출근길은 대다수 상하이의 직장인들에게 있어 이미 흔히 있는 일입니다.

대학 졸업 후, 루첸위는 고향 허난(河南)에서 언니를 따라 쿤산으로 와서 언니와 함께 살고 있습니다. 다른 점은 언니처럼 쿤산에서 근무하지 않고 첫 직장의 위치를 자신이 늘 동경하던 상하이로 선택한 것입니다. 그리고 그때부터 그녀는 쿤산과 상하이를 왕복하는 두 도시 생활을 시작하게 되었습니다.

상하이에서 고군분투한 몇 년 동안, 루체위는 전화 통신판매, 화장품 마케팅 등의 일에 종사했습니다. 올해 초, 그녀는 사업 파트너 두 명과 정부 창업 지원시설에서 자신의 화장품 마케팅 회사를 설립하고, 위챗(微信) 등 모바일 어플을 이용하는 방식을 통해 화장품 판매를 하고 있습니다.

회사에서 한가할 때, 그녀는 동료가 입양한 반려견 두 마리와 노는 것을 좋아합니다. 점심은 회사의 구내식당에서 해결합니다.

• 高铁(까오티에, 고속철도), 动车(둥처, 고속열차)
'高铁'와 '动车' 둘 다 고속열차의 종류이기 때문에 각각 '까오티에'와 '둥처'로 표기하였다. [참조: 매일경제신문 기준]

일반 기차와 다른 루첸위가 타는 이 까오티에는 이미 고속열차 운영의 '공공교통화'를 실현하여, 까오티에를 탑승하는 승객들은 2세대 신분증 스캔을 통해 개찰해서 들어갈 수 있어, 티켓을 바꾸고 뽑는 번거로움을 없앴습니다. 단거리 승객으로 말하자면, 까오티에를 타는 것은 일반 버스를 타는 것과 같아 매우 편리합니다. 상하이 기차역에서 열차를 기다리고 있는 틈에 루첸위는 여느 젊은이들처럼 습관적으로 고개를 숙이고 스마트폰을 봅니다.

가는 길이 멀지 않고 까오티에의 속도도 빠르기 때문에 책을 보거나 스마트폰을 보면, 루첸위는 금방 상하이에서 쿤산으로 돌아옵니다.

열차에서 내리자마자 그녀는 바로 언니에게 전화 한 통을 겁니다. 그녀는 "상하이는 제 사업이 시작되는 곳이고, 쿤산은 저의 가족사랑의 근거지이기 때문에 두 곳 모두 포기하기는 어려워요." 라고 말합니다. 고속열차표 한 장이 그녀의 사업과 가족사랑을 이어줍니다.

쿤산에서 언니와 함께하는 생활은 그녀로 하여금 편안하고 만족스럽다고 생각하게 만듭니다. 언니와 조카들이랑 아파트 단지에서 산책을 하고, 조카들의 공부를 봐주며, 언니와 함께 마스크팩을 붙이고 이야기하는 것 모두 루첸위가 오롯이 즐기는 가족생활입니다.

올해 그녀의 언니와 형부는 쿤산에 새 집을 샀습니다. 그녀는 새 집의 창문 앞에 서서 쿤산시를 바라보며 아름다운 미래를 생각합니다.

1 仅 그저, 단지

'仅'은 '오로지, 단지'라는 뜻의 범위를 나타내는 부사이다. '仅'을 대신해 '仅仅 jǐnjǐn', '光 guāng', '只 zhǐ', '净 jìng'으로 바꿔서 사용해도 된다.

搭乘高铁或动车最快的一班仅需19分钟，票价24元，……。

▶ 这一切仅仅属于你，不可能转让给任何人。
이것의 전부는 그저 당신에게 귀속되는 것으로 어떠한 사람에게도 양도할 수 없다.

▶ 如果仅仅是为了令他人印象深刻而消费某种生活体验，那么其中的乐趣就会一扫而光。
만약 그저 타인에게 깊은 인상을 남기기 위해 어떤 생활 체험에 돈을 쓴다면, 그 안의 즐거움은 바로 없어질 것이다.

2 而 그리고, 그러나

접속사 '而'은 단어, 구, 문장을 모두 연결하며 '그리고, 또'라는 점층의 의미 외에도 '그러나'라는 의미의 전환관계도 나타낸다.

她便能从昆山家中赶到上海的公司上班。而1个小时的上班路程，……。

▶ 每个人都应该学会管理时间，而做计划表，严格按照计划做事是有效管理时间的第一步。 모든 사람들은 시간 관리법을 배워야 한다. 그리고 계획표를 만들고, 엄격하게 계획에 따라 일하는 것은 효과적인 시간 관리의 첫걸음이다.

▶ 有的人能接受失败，找到失败的原因并继续努力；而有的人却在失败面前停下了脚步。 어떤 사람들은 실패를 받아들이고 실패의 원인을 찾아 계속 노력한다. 그러나 어떤 사람들은 오히려 실패 앞에 발걸음을 멈춰 선다.

转让 zhuǎnràng 동 넘겨주다, 양도하다 | **体验** tǐyàn 명 체험 | **一扫而光** yìsǎo'érguāng 모두 없어지다

3 像 마치 ~와 같다

'像'은 동사로 '마치 ~와 같다'라는 의미다. 뒤에 '一样'을 붙여 '같다, 똑같다'의 의미를 강조할 수 있고, '一样' 뒤에 형용사를 써서 '마치 ~처럼 ~하다'의 뜻을 나타내기도 한다.

她没有像姐姐一样在昆山工作，而是把第一份工作的地点选在了……。

마치 ~와 같이 ~하다 / 오히려 / 업무·일을 세는 단위 / ~한 장소를 ~로 선택하다

▶ 云海是说黄山上的云像海一样，看不到边。
운해는 황산 위에서의 구름이 마치 바다와 같아 끝이 보이지 않는다는 말이다.

▶ 南亚有一种很奇怪的树，假如有人不小心碰到它，会立刻感到像触电了一样难受。
남아시아에는 이상한 나무가 한 종류 있는데 만약 어떤 사람이 조심하지 않아 부딪히면 바로 감전된 것처럼 괴로움을 느낀다고 한다.

4 极其 매우

'极其'는 부사로 '매우, 정말로'라는 뜻을 나타내며 문어체에 주로 쓰인다. 이음절 혹은 다음절 형용사 앞에만 사용할 수 있다.

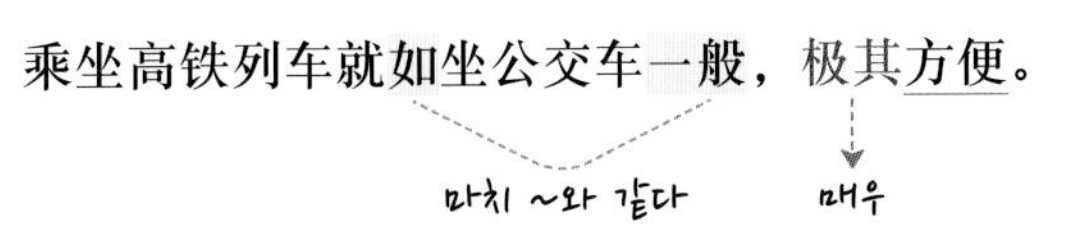

▶ 诚信对企业发展极其重要。
신용은 기업 발전에 있어 매우 중요하다.

▶ 在南京养的鸭子肥厚多肉，味道极其鲜美，而烤出来的鸭子更是风味独特。
난징에서 기르는 오리는 지방이 두툼하고 살이 많으며 맛이 매우 좋고, 또한 구워서 나온 오리는 더욱 별미이다.

假如 jiǎrú 접 만약, 가령 | **立刻** lìkè 부 곧, 즉시 | **触电** chùdiàn 동 감전되다 | **诚信** chéngxìn 명 성실, 신용 | **鸭子** yāzi 명 오리 | **鲜美** xiānměi 형 맛이 대단히 좋다

1 从 VS 自

	从 cóng 전 ~로부터	自 zì 전 ~로부터
공통점	모두 시간의 기점 또는 공간과 방향의 기점을 나타낸다.	
차이점	구어체에서 주로 쓰이며 시간, 공간의 기점 외에도 경유하는 노선이나 장소, 동작 행위의 근거, 기반 등을 나타내기도 한다. 예 正好前边有个天桥，我们从那儿过马路吧。 마침 앞에 육교가 있으니 우리 저기로 길을 건너요. 예 我们可以从失败中发现自己的缺点，总结出很多经验。 우리는 실패에서 자신의 단점을 발견할 수 있으며, 많은 경험을 총정리할 수 있다.	문어체에서 주로 사용되며 일반적으로 시간, 장소의 기점을 나타낸다. 또한, 동사 뒤에 놓여 사물의 유래나 출처를 나타내기도 한다. 예 中国上海国际艺术节自1999年起，每年举办一次。 중국 상하이 국제예술제는 1999년에 시작되어 일 년에 한 번 개최된다. 예 酸角树原产自非洲，不过在世界其他地区也有分布。 인디안타마린드 나무는 원산지가 아프리카이지만 세계 다른 지역에도 분포한다.

2 之间 VS 中间

	之间 zhījiān 명 사이	中间 zhōngjiān 명 중간, 사이
공통점	모두 명사구 뒤에 놓여 '양 끝이나 두 사물의 중간 위치'를 나타낸다.	
차이점	단독으로 문장성분이 될 수 없고, 앞에 반드시 수식성분이 있어야 한다. 이 수식성분은 일정한 상호관계를 나타내는 복수의미의 단어이거나 상호관계를 나타내는 두 가지 항목을 나타내는 구(句)여야 한다. 예 电子娱乐产品与人的身心健康之间的关系非常复杂。 전자오락 상품과 사람의 심신건강 사이의 관계는 매우 복잡하다.	단독으로도 문장성분이 될 수 있으며, 상호관계가 아닌 구체적인 위치를 나타낸다. 구체적인 위치를 나타낼 때는 단수, 복수의 제약을 받지 않는다. 예 乘坐地铁的话，中间要转两次。 지하철을 탄다면 중간에 두 번 환승해야 한다.

天桥 tiānqiáo 명 육교 | **缺点** quēdiǎn 명 결점, 단점 | **酸角树** suānjiǎoshù 인디안타마린드 [나무의 일종] | **分布** fēnbù 동 분포하다 | **电子娱乐** diànzǐyúlè 전자오락

3 先后 VS 前后

	先后 xiānhòu 명 선후, 앞과 뒤 부 잇달아, 연속적으로	前后 qiánhòu 명 (시간적으로) 처음부터 끝까지, 전기간
차이점	'시간이나 순서의 앞과 뒤'를 의미한다. 명사와 부사로 사용할 수 있으며, 명사로의 의미는 '앞과 뒤, 선후'의 뜻이고 부사로의 의미는 '잇달아, 연속적으로'이다. 예 他先后创办了一家企业网站服务公司和一个交友网站。 그는 기업 웹사이트 서비스 회사와 친구 사귀기 웹사이트를 잇달아 설립하였다.	일반적으로 어떤 시점 뒤에 '~전후로, ~쯤'에 해당하는 의미와 '한 가지 일이 시작돼서 끝날 때까지 들어간 시간 혹은 금전'의 의미가 있다. 예 清明前后，桃花、杏花、李花都陆续开放了。 청명절 전후로, 복숭아꽃, 살구꽃, 오얏꽃이 모두 연달아 피었다.

4 通过 VS 经过

	通过 tōngguò 동 (한쪽에서 다른 한쪽으로) 건너가다, 지나가다 전 (수단·방법을) 통해서	经过 jīngguò 동 (장소·시간·동작 등을) 경과하다, 거치다
공통점	모두 '경과하다, 지나다'의 의미를 나타낸다.	
차이점	동사 의미 이외에 '(수단과 방법을) 통해서'라는 의미도 있다. 장소를 통과한다는 의미도 가지고 있으나 시간에는 쓸 수 없다. 예 有能力的人往往都是通过竞争才被发现和肯定的。 능력 있는 사람들은 종종 경쟁을 거쳐야지만 비로소 발견되고 인정받는다.	시간과 과정에 주로 사용하며 장소를 경과한다는 의미도 있다. 예 没提前经过您同意，对不起。 사전에 당신의 동의를 거치지 않아서 죄송합니다.

创办 chuàngbàn 동 창립하다, 창설하다 | **网站** wǎngzhàn 명 (인터넷) 웹사이트 | **桃花** táohuā 명 복숭아꽃 | **杏花** xìnghuā 명 살구꽃 | **李花** lǐhuā 명 오얏꽃 | **陆续** lùxù 부 잇달아, 연달아 | **竞争** jìngzhēng 명 경쟁 | **肯定** kěndìng 동 인정하다

중국인의 외출 방식

중국에는 시대마다 모두 당시의 사회 생산력에 상응되는 외출 시 교통수단이 있습니다. 시대별 주요 교통수단의 변화는 사회의 발전과 국민생활의 풍족함을 반영합니다.

자전거는 전 세기 50년대부터 70년대까지 중국에서 가장 중요한 교통수단이자 그 시대 중국사회의 하나의 표지였습니다. 전 세기 80년대에는 오토바이가 점차적으로 새로운 교통수단이 되었고, 전 세기 90년대 초부터 지금까지는 도시 교통과 자동차 공업의 발전으로 인해 더욱더 많은 사람들이 자동차를 이용하기 시작하여, 자가용의 수량은 놀라운 속도로 증가하고 있습니다. 매 주말과 휴일이 되면 갈수록 많은 사람들이 자가용을 운전해서 가족과 함께 여행하길 원합니다. 차를 구매할 능력이 없는 젊은이들에게는 걷기, 자전거, 버스, 지하철, 택시 타기 모두 다 건강하고 편리한 외출 방식입니다.

본문의 주인공처럼 대도시에서 근무하며 대도시 주변에 사는 젊은이들이 점차 많아지고 있으며, 도시 간 고속철도는 젊은이들에게 필수적입니다.

오른쪽의 QR코드를 스캔하여 중국 고속철도 '까오티에(**高铁**)'의 홍보 영상을 감상해 보세요.

高铁(중국의 고속철도)

중국 고속철도의 길이

중국의 고속철도망은 길이 1만 5,500마일(약 2만5,000킬로미터)로 세계에서 가장 깁니다. 세계 2위의 스페인 고속철도망의 길이가 1,926마일인 것을 생각하면, 그 규모가 매우 크다는 것을 알 수 있습니다.

중국 고속철도의 공사 현황

중국은 2018년 말까지 길이가 80마일 이상인 광저우, 선전, 홍콩(香港)을 잇는 고속철도망 마무리 공사를 계획하고 있습니다. 이미 4종(베이징 – 홍콩/베이징 – 상하이/베이징 – 하얼빈(哈尔滨)/항저우(杭州) – 선전) 4횡(쉬저우(徐州) – 란저우(兰州)/상하이 – 쿤밍(昆明)/칭다오(青岛) – 타이위안(太原)/상하이 – 청두(成都))의 건설을 마쳤고, 2025년까지 중국 본토를 북에서 남으로 가로지르는 8개의 노선, 서에서 동으로 가로지르는 8개의 노선인 8종 8횡 고속철도망 구축이 한창입니다.

중국 고속철도의 이용 현황

중국 전역의 고속철도역 중 가장 이용자가 많은 곳은 '广州南站(광저우난역)', '上海虹桥站(상하이 홍차오역)', '北京南站(베이징난역)'이 손꼽힙니다. 광저우난역은 화난지방에서 규모가 가장 큰 역이자 중국 내륙과 홍콩 등지를 이어주는 핵심적인 역으로 가장 바쁜 고속철도역입니다. 2017년 하절기에는 2,753.61만 명이 이용한 기록이 있습니다. 상하이 홍차오역은 중국에서 가장 규모가 큰 역으로 톈안먼 광장의 3배나 되는 규모를 자랑하고 있으며 중국 교통의 중추라 할 수 있습니다. 2020년에는 연인원 5,200만 명을 수용하고자 계획하고 있습니다. 베이징난역은 베이징에서 최대 규모로 2008년 올림픽 개최 시기에 맞춰 새로이 단장을 했는데, 평균적으로 연간 1억 5천만 명의 여객량을 자랑합니다.

중국 고속철도의 위엄

중국 고속철도의 개발은 단순히 철로만 건설하는 것이 아닌, 전 중국을 1일 생활권으로, 더 나아가 도시와 농촌 간의 빈부격차 해소에 큰 역할을 할 것이라고 기대하고 있습니다. 처음 중국의 고속열차 산업에 대해 전세계는 기술적으로 불가능할 것이라고 비웃었고, 2008년 베이징 올림픽 개최 이전만 해도 중국은 패스트팔로어였지만 거대한 철도 인프라 시장을 발판으로 삼아 뛰어난 기술력으로 고속열차 전통 강자인 서구 유럽을 제치고 단숨에 제왕적 지위에 올랐습니다.

이런 제왕적 지위를 발판으로 전세계 철도 수주시장에서 가격, 사업 기간 등 발주처 요구에 가장 유연하게 대처할 수 있는 나라로까지 발돋움했으며, 그 기세를 동남아시아와 중동, 그리고 유럽에까지 사업을 확장하고 있습니다. 이렇게 중국은 고속철도를 앞세워 상대국 지원에 나서서 '高铁外交(고속철도 외교)'라는 말까지 등장하였습니다.

현재 세계 고속철도 시장은 단순히 건설 사업 수주가 아니라 국가적 역량을 내보이는 외교전으로까지 발전하였습니다. 이 외교전에서 중국은 당당히 유리한 위치에 서있고, 중국의 일대일로(一带一路) 프로젝트에서 핵심적인 역할인 고속철은 앞으로도 눈부시게 발전할 예정입니다.

UNIT

12

古城“老顽童”

고성의 ‘키덜트’

학습 내용

- 리칭위안 할아버지는 올해 75세입니다. 할아버지는 매일 친구들과 함께 연주도 하고 노래도 하며, 혼자서 촬영과 컴퓨터 후반 작업을 배워서 사람들은 모두 할아버지를 ‘키덜트’라고 부릅니다.

학습 목표

- 할아버지의 ‘노년의 즐기는 삶’을 엿보고 더불어 중국의 민간 악기 종류에 대해서도 배워봅니다.

고성의 '키덜트'

75세의 리칭위안(李庆元) 할아버지는 현재 직장인들보다 더 바쁩니다. 반세기 전, 할아버지는 군대의 문화선전공작단(文工团)•에서 삼현금(三弦)••을 연주하는 문예병이었고, 지금은 산둥성(山东省) 칭저우시(青州市) 고성(古城)에서 활약하고 있는 '키덜트'입니다. 할아버지는 반평생을 고생하셨는데, 나이가 들어서 갑자기 '삶이 명확해졌다'고 하시며 여생은 충실히 놀고 재미있게 놀며 의미 있게 놀아야 한다고 하십니다.

아침 6시, 할아버지는 시간에 맞춰 일어나서 세수하고 양치질을 한 뒤 매일 '아침 수업'을 시작합니다. 두루마기(大褂)•••를 입고 거울을 보며 만담을 연습하십니다. 할아버지는 과거의 문예 기초가 자신에게 자신감을 가져다 주길 바랍니다.

리칭위안 할아버지는 젊어서 문예병 때 현악기(弹拨乐器)••••를 배우셨는데, 주로 삼현금이었습니다. 작년에 할아버지는 몰래 얼후(二胡) 등 찰현악기(弓弦乐器)•••••를 더 사들였습니다. 반년 동안 매일 아침 1시간 동안 꾸준한 연습 끝에 할아버지는 지금 이미 그럴듯하게 연주하십니다. 할아버지는 "소리뿐만이 아니라 한 동작, 한 자세까지 프로와 비슷하게 연습해야 해요."라고 말씀하십니다.

• **文工团**(문화선전공작단)
노래, 춤 등 여러 가지 형식으로 홍보활동을 하는 문예단체이다.

•• **三弦**(삼현금)
중국의 전통 현악기로 현이 세 개여서 이름을 얻었다. 문인들이 설서(说书)할 때 사용하는 주요 악기이다.

••• **大褂**(두루마기)
길이가 무릎을 넘는 중국풍 홑옷이다. 중국의 만담 배우들은 보통 두루마기를 입고 공연한다.

•••• **弹拨乐器**(현악기)
손가락 혹은 현으로 연주하는 악기의 총칭으로 삼현금 등이 있다.

••••• **弓弦乐器**(찰현악기)
활과 현으로 구성된 악기로, 연주 방식은 활로 악기 줄을 마찰하는 것이다. 얼후 등이 있다.

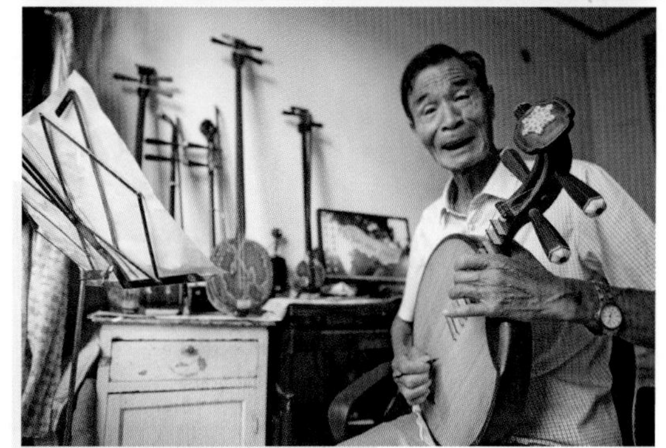

아내는 아들과 함께 농촌에서 살고, 평소에는 리칭위안 할아버지 혼자 도시에서 생활하십니다. 과거 군부대 생활이 할아버지에게 강인한 생활능력을 부여하여, 할아버지는 자유롭고 재미있게 살고 계십니다. 이것은 할아버지의 일상적인 아침식사입니다. 해삼 1개, 산골에서 사온 계란 3개, 만토우 1개, 족발 반개, 그리고 아들딸들이 보내준 신선한 꽃게가 있습니다.

8시 반, 리칭위안 할아버지는 자전거를 타고 '출근'합니다. 집에서 할아버지가 '출근'하는 명청(明清) 옛 거리는 자전거로 15분밖에 되지 않습니다. 이 활력과 생기가 넘치는 할아버지가 이미 70세를 넘겨 곧 80세가 된다는 것을 아무도 생각지도 못할 것입니다.

옛 거리의 분위기를 조성하기 위해, 이곳에서는 민간에서 예술가 몇 명을 불러, 매일 오전, 오후 두 시간씩 이곳에서 밀가루 인형 만들기(捏面人儿)•나 전통극 등의 공연을 개최합니다. 리칭위안 할아버지는 그중 나이가 가장 많은 사람입니다.

할아버지는 매일 이 옛 거리에서 4시간 넘게 있으면서 친구들과 함께 연주하고 노래를 부릅니다. 이 '키덜트'에게 있어서 이것은 일이 아닌 노는 방법이자 생활방식입니다.

리칭위안 할아버지는 교사를 한 적이 있어, 평소에 글 쓰는 것을 즐깁니다. 강창팀의 팀원 5명이 며칠 전 할아버지에게 쾌반서(快板书)•• 한 단락을 써달라고 부탁을 하여, 할아버지는 며칠 저녁 내내 몇 백 구절에 달하는 《산골의 아주머니가 고성을 거닐다(山里大嫂逛古城)》를 써서 모두의 호평을 받았습니다.

• **捏面人儿**(밀가루 인형 만들기)
중국 전통 민간예술로 각종 색깔의 밀가루 반죽을 손이나 작은 죽도를 사용하여 빚고 문질러서 생동감 있는 작품으로 만든다.

•• **快板书**(쾌반서)
중국 한족의 전통극 종류로, 공연할 때 배우들은 큰 죽반(2개의 대쪽으로 된 리듬악기) 2개와 작은 죽반 5개로 박자를 맞추며 강창한다.

점심 때, 리칭위안 할아버지는 몇몇 친구들을 불러 옛 거리의 유명한 식당에서 '고기'를 먹습니다. 할아버지는 같은 연배 친구들보다 삶을 즐기고, 기꺼이 돈을 쓴다고 스스로 칭찬하십니다.

평소에 집에서 식사가 끝나면 1시간 쉬시지만, 오늘은 생선찌개를 드신 후 집에 가지 않고, 옛 거리의 나무 그늘로 가 친구들과 함께 초나라와 한나라의 경계(楚河汉界)•에서 한 판 겨루십니다.

큰 사발로 차를 마시고, 여행객들과 이야기하고, 고성의 과거와 오늘을 이야기하는 것은 리칭위안 할아버지에게 있어 즐거움입니다.

할아버지는 '체면'을 아주 중시하셔서, 사흘이 멀다 하고 고성거리 입구의 이발사에게 면도를 받는데, 다른 사람에게 반드시 자신의 가장 말쑥한 면을 보여줘야 한다고 말씀하십니다.

리칭위안 할아버지는 얼마 전 비디오 카메라 한 대를 구입하여 촬영 및 영상 제작기술을 독학하고 있습니다. 할아버지는 자신의 한 해 계획은 세웠는데, 이 계획은 자신과 친구들이 연주하는 곡과 고향의 역사 문화의 아름다운 절경을 모두 촬영하여 기록하고, 영상으로 제작해 후손들에게 남겨주는 것입니다.

동영상의 편집과 제작, 더빙, 자막 넣는 것 모두 할아버지 혼자서 배우면서 완성한 것입니다. 비록 느리지만 할아버지는 그 속에서 즐기고 계십니다. 매번 촬영한 내용의 제작이 끝나면 CD로 한 무더기 만들어 촬영에 찍힌 사람과 친구들에게 선물로 줍니다. 할아버지는 이것을 '기쁨을 나누는 것'이라고 합니다. 하나의 기쁨을 모두와 나누면 큰 기쁨이 됩니다.

오후 '퇴근' 후 리칭위안 할아버지는 자전거를 타고 난양 강변의 도시 공원으로 옵니다. 이곳에는 연주하고 노래를 부르는 많은 중국 전통극 동호회가 자발적으로 생겨났습니다.

저녁식사 후, 중국 전통극 동호회 사람들과 이곳에서 연주하고 노래 부르며 스스로 즐기기로 하였습니다. 이들은 볼륨에 신경 쓰며 다른 시민들의 휴식에 영향을 주지 않기 위해 조심합니다. 많은 시민들도 이런 운치 있는 문화 오락 방식을 인정합니다.

• **楚河汉界**(초나라와 한나라의 경계)
장기판 가운데의 강을 가리키는데, 본문 속에서는 장기 두는 것을 가리킨다.

주요 문법 Real 풀이

1 比 ~보다

전치사 '比'는 '~보다'라는 뜻으로 사람 혹은 사물의 성질이나 상태 간에 차이가 있음을 나타내는 표지이다.

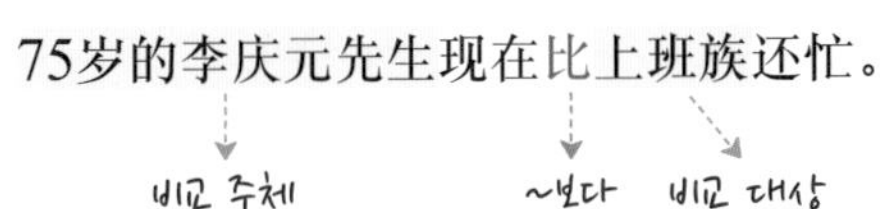

▶ 我也认为黑的比蓝的漂亮。
내 생각에도 검은 것이 파란 것보다 예쁘다.

▶ 孩子对胜利的渴望比父母强烈。
승리에 대한 아이의 갈망이 부모보다 강렬하다.

비교 주체와 비교 대상의 차이가 큼을 강조하고 싶을 때는 정도부사 '更'과 '还'만 가능하며, 절대적 의미를 나타내는 '很', '非常', '最'는 사용할 수 없다. 술어 뒤에 '一点', '多了', '很多'와 같은 보어를 사용할 수 있고, 구체적인 수치를 제시할 수도 있다.

▶ 思考比学习更重要。 사고가 공부보다 더 중요하다.

▶ 海底动物的种类比植物种类多。
해저동물의 종류가 식물의 종류보다 많다.

▶ 这家旅馆每月的入住率竟比原来提高了40%。
이 호텔의 매달 숙박률은 뜻밖에도 원래보다 40%로 증가하였다.

부정은 일반적으로 '没有'를 사용한다. '不比'를 사용할 수도 있으나 '~보다 못하다'는 의미 외에 둘이 서로 비슷하다는 의미도 나타냄에 유의해야 한다.

▶ 南方没有北方那么干燥。 남쪽은 북방처럼 그렇게 건조하지 않다.

▶ 他的汉语不比我好。 그의 중국어는 나보다 못하다.(나와 비슷하거나 못한다.)

胜利 shènglì 명 승리 | **渴望** kěwàng 명 갈망 | **强烈** qiángliè 형 강렬하다 | **植物** zhíwù 명 식물 | **干燥** gānzào 형 건조하다

2 시량보어 시간의 양을 나타냄

시량사는 동사 뒤에서 시량보어로 쓰여 동작 또는 상태가 지속된 시간의 길이와 양을 나타낸다.

平时在家吃完饭后，李庆元会休息一个小时。

한 시간 동안

▶ 我学汉语学了两年了。
나는 중국어를 2년째 배우고 있다.

▶ 我在北京呆了六个多月。
나는 베이징에서 6개월 넘게 머물렀다.

3 보어 下来 동작의 지속과 완료

'下来'는 술어 뒤에 사용되어 동작의 결과나 동작의 처한 상황을 나타내는 보어로 사용할 수 있다. 이때 의미는, 과거에서부터 현재까지의 지속, 상태의 출현과 발전, 사물의 고정, 분리 등을 나타낸다.

他要把他跟伙伴们演奏的曲目和……都拍摄、记录下来，……。

~을/를

동작의 지속과 완료

▶ 我们今天就在这里住下来吧。 [동작의 지속과 완료]
우리 오늘 이곳에서 묵읍시다.

▶ 苹果还没熟透，你怎么就把它们摘下来呢？ [분리, 이탈]
사과가 아직 다 익지 않았는데, 당신은 왜 그것들을 따나요?

呆 dāi 동 머무르다 | 熟透 shútòu 동 잘 익다 | 摘 zhāi 동 따다, 꺾다

▸ 当他们到达6400米时，其中有一人却突然停了下来，他说：“我不行了”。
그들이 6,400m에 도달했을 때, 그중 한 사람이 돌연 멈추고는 “나는 안 되겠어요”라고 말했다. [사물의 고정]

▸ 虽然一开始他看起来有点儿惊慌，但很快就冷静了下来。 [상태의 출현과 발전]
비록 처음에 그는 조금 놀란 것 같았지만 바로 침착해졌다.

4 虽然…但(是)… 비록 ~하지만 그러나 ~하다

전환관계를 나타내는 이 접속사의 앞절은 어떤 한 사실을 나타내고, 뒷절은 그와 상반된 사실을 나타낸다.

虽然慢，但他乐在其中。
비록 ~하지만 그러나 ~하다

▸ 我虽然是第一次来这儿，但一点儿也不觉得陌生。
나는 비록 처음 여기에 왔지만 조금도 생소하다고 생각되지 않는다.

▸ 他当时虽然不知道“完全竞争”这个名词，但显然是懂得其中的道理的。
그는 당시에 비록 ‘완전한 경쟁’이라는 이 명사를 몰랐지만 분명히 그 안의 이치는 알고 있었다.

惊慌 jīnghuāng 형 놀라서 허둥지둥하다 | **冷静** lěngjìng 형 냉정하다, 침착하다 | **陌生** mòshēng 형 생소하다, 낯설다 | **显然** xiǎnrán 형 명확하게, 분명하게

1 活跃 VS 活泼

	活跃 huóyuè 형 활동적이다 동 활발히 하다	活泼 huópō 형 활발하다, 활기차다
공통점	모두 형용사로 쓰일 수 있으며 '생동감 있고 생기가 있다'의 의미를 나타낸다.	
차이점	'적극적이다, 긴장되다, 열띠다'라는 형용사 의미 외에도 동사로 '적극적으로 활동하다'는 의미를 나타낸다. 예 人出现后悔情绪时，大脑中的"眼窝前额皮质"会比较活跃。 사람들은 후회하는 기분이 들 때 대뇌의 '안와 전두피질'이 비교적 활성화된다고 한다.	'융통성이 있고 생기가 있다'는 의미로 사용된다. 예 他的性格开朗活泼。 그의 성격은 명랑하고 활발하다.
搭配	市场(시장)···, 思维(사고)···, 行动(행동)···, 气氛(분위기)···	性格(성격)···, 神态(표정과 태도)···, 文字表达(문자 표현)···

2 增加 VS 增长

	增加 zēngjiā 동 증가하다, 더하다	增长 zēngzhǎng 동 늘어나다, 높아지다
차이점	'이미 있던 기초에 다시 보충하다'는 의미로 '수량의 증가'를 강조한다. 예 这不但使百姓常常遭受劳役之苦，也增加了国家的财政开支。 이것은 백성으로 하여금 늘 부역의 고통을 받게 하였고 국가의 재정지출도 증가시켰다.	'신장시키다'의 의미를 강조하며, 일반적으로 추상적인 사물이 대상으로 온다. 예 如果门窗紧闭，不出三小时，室内的二氧化碳量就会增加三倍，细菌等有害物质也会成倍增长。 만약 문과 창문을 꽉 닫아놓으면, 3시간이 넘지 않아 실내의 이산화탄소량이 3배 증가하고, 세균 등 유해물질 역시 배로 증가한다.
搭配	···工资(월급), ···人员(인원), ···风险(위험), ···美感(아름다움)	···见识(견문), ···知识(지식), ···速度(속도)

情绪 qíngxù 명 정서, 기분 | **眼窝前额皮质** yǎnwō qián'épízhì 안와전두피질 | **开朗** kāilǎng 형 명랑하고 활발하다 | **遭受** zāoshòu 동 (불행 또는 손해를) 받다, 입다 | **劳役** láoyì 명 강제노역, 부역 | **开支** kāizhī 명 지출, 비용 | **紧闭** jǐnbì 동 꼭 닫다(다물다) | **二氧化碳** èryǎnghuàtàn 명 이산화탄소 | **细菌** xìjūn 명 세균 | **有害物质** yǒuhài wùzhì 명 유해물질

3 悄悄 VS 偷偷

	悄悄 qiāoqiāo 형 조용한 모양, 고요한 모양	偷偷 tōutōu 형 몰래, 모르게
차이점	다른 사람이 알기를 원치 않아 소리를 내지 않거나 말소리가 작은 것을 의미한다. 예 看到同屋睡得很香，他悄悄地离开了房间。 룸메이트가 깊이 잠든 것을 보고, 그는 조용히 방을 나왔다.	다른 사람이 모르게 몰래 어떤 일을 한다는 의미를 나타낸다. 예 她偷偷地告诉了我这件事。 그녀는 몰래 나에게 이 일을 알려주었다.

4 形成 VS 组成

	形成 xíngchéng 동 형성하다, 이루다	组成 zǔchéng 동 구성하다, 조직하다
차이점	오랜 시간 동안 변화를 겪어 천천히 이루어진 것을 말한다. 예 "天黑睡觉"是人类在长期适应环境的过程中自然形成的生活规律。 '해가 저물면 자는 것'은 인류가 장기간 환경에 적응하는 과정 중 자연스럽게 형성된 생활규칙이다.	부분과 개체가 모여 전체를 이루는 것을 말한다. 예 乘客取行李的时间由两部分组成，即走到行李提取处的时间和等待取行李的时间。 승객이 짐을 가져가는 시간은 두 부분으로 구성되어 있는데, 즉 짐을 가져가는 곳까지 가는 시간과 짐을 가져가기 위해 기다리는 시간이다.

规律 guīlǜ 명 법칙, 규칙 | 乘客 chéngkè 명 승객

중국 민속기악

중국 전통악기는 종류가 매우 많은데 주요하게 관악기, 찰현악기, 현악기 그리고 타악기 등 네 가지로 나뉩니다. 관악기에는 피리 등이 있고, 찰현악기에는 얼후 등이, 현악기에는 고쟁, 비파 등이, 타악기에는 징, 북 등이 있습니다.

중국의 소수민족들은 대부분 노래와 춤에 능하고, 그 민족의 특색이 있는 악기를 가지고 있습니다. 초원지대에서 성장한 몽골족은 마두금을 좋아하는데, 이것은 찰현악기로 몸체 머리 부분에는 보통 말머리 형상의 장식이 새겨져 있습니다. 카자흐족의 현악기 돔블라나 태족의 관악기 후루쓰 역시 특색을 지닌 민족악기입니다.

중국의 민족음악은 중국 전통악기를 가지고 독주, 합주 등의 형식으로 연주하는 음악을 가리킵니다. 중국 민족음악은 농후한 민족 특색이 있는데 이것은 주로 중국 악기가 겸비한 독특한 음색 및 연주 스타일에서 온 것입니다.

긴 세월 동안 중국의 음악가들은 우수한 민족음악을 많이 창작하였는데, 예를 들면 피리 곡 《자고비(鹧鸪飞)》, 얼후 곡 《이천영월(二泉映月)》, 고쟁 곡 《어주창만(渔舟唱晚)》, 비파 곡 《십면매복(十面埋伏)》, 합주곡 《춘강화원야(春江花月夜)》 등이 있습니다.

중국 민속기악은 비교적 정취를 추구하는데, 청중들은 감상할 때 늘 곡이 표현하는 각종 장면을 느낄 수 있습니다.

많은 사람들은 지금처럼 템포가 빠른 현대의 도시생활에 있어서 민족음악을 감상하는 것은 하나의 즐거움이고, 자연스럽고 순박한 아름다움을 음미하고 마음의 안정을 되살아나게 한다고 말합니다.

중국문화 생생링크

만담은 중국 전통의 설창 예술입니다. 아래의 QR코드를 스캔하여 相声(만담) 《희극과 방언(戏剧与方言)》을 감상해 보세요.

相声

중국 전통 설창 예술로, 말하고, 배우고, 놀리고, 부르는 형식으로 되어 있다. 만담의 발원지는 베이징, 톈진(天津), 난징(南京) 세 곳으로 예술의 기원은 화베이(华北)며, 베이징, 톈진, 허베이(河北)에서 유행되었고 전국 및 해외로 보급되었다. 시작은 명청(明清)시기이지만 흥행은 중화인민공화국 건국 이후였다. 구두 방식으로 공연하며, 민간에서 기원한 만담은 많은 사람들에게 사랑받는 설창 문예이다.

중국 민속 악기

- 얼후(二胡): 2개의 현을 가진 중국의 찰현악기로 현을 활로 켜서 연주합니다. '얼(二)'은 숫자 '2'를 가리키고, '후(胡)'는 '찰현악기'를 의미합니다. 당나라 때 생긴 것으로 이미 1,000여 년의 역사를 가지고 있습니다. 전체 길이는 대략 80cm로 몸체인 울림통과 그 위에 목이 수직으로 이어져 있습니다. 서글프면서도 독특한 음색을 내는 얼후 곡으로 유명한 것으로는 《二泉映月》, 《良宵》, 《听松》, 《赛马》 등이 있습니다.

- 고쟁(古筝): 중국의 전통 탄현악기로 음색이 우아하고 음역이 넓으며, 연주 기법이 다양합니다. 고쟁은 중국의 유구한 역사를 함께 해온 고대의 민족악기입니다. 약 2,500여 년의 오랜 역사를 갖고 있으며, 한나라 이전에는 5현이었으나, 수·당나라 때는 13현의 고쟁이 연주되었고, 이후로 현의 숫자가 늘어나 오늘날에는 21현 고쟁이 가장 많습니다.

- 비파(琵琶): 탄현악기의 으뜸으로 나무로 제작되어 있으며 4개의 현이 있습니다. 원래는 실로 했으나 지금은 철사를 이용합니다. 악기 이름은 연주 방법에서 유래했는데, 즉 물방울 모양의 몸통으로 비(琵)는 손을 밖으로 밀어서 소리 내고, 파(琶)는 안으로 끌어들여서 소리 내는 것을 말합니다. 최초의 비파는 중국 진나라 때 출현한 것으로 보이며, 다른 동아시아 국가로 전파되어 일본, 한국, 베트남에도 비파가 분포되어 있습니다.

MEMO